Moritz Busch

Bismarck und sein Werk

Beiträge zur inneren Geschichte der letzten Jahre bis 1896, nach Tagebuchsblättern

Moritz Busch

Bismarck und sein Werk
Beiträge zur inneren Geschichte der letzten Jahre bis 1896, nach Tagebuchsblättern

ISBN/EAN: 9783743385092

Hergestellt in Europa, USA, Kanada, Australien, Japan

Cover: Foto ©ninafisch / pixelio.de

Manufactured and distributed by brebook publishing software (www.brebook.com)

Moritz Busch

Bismarck und sein Werk

BISMARCK UND SEIN WERK

BEITRÄGE

ZUR

INNEREN GESCHICHTE DER LETZTEN JAHRE BIS 1896

NACH TAGEBUCHSBLÄTTERN

VON

MORITZ BUSCH

ERSTES BIS VIERTES TAUSEND.

LEIPZIG

VERLAG VON S. HIRZEL

1898

Das Recht der Uebersetzung ist vorbehalten.

Vorwort.

Mein Tagebuch erzählt unter dem Datum des 21. März 1891 aus Friedrichsruh: „Nach Tische, beim Zeitungslesen, bemerkte der Chef — ich weiss nicht mehr, durch was veranlasst —: „Büschlein wird einmal, lange nach meinem Tode, eine innere Geschichte unserer Zeit nach guten Quellen schreiben." „Ja, Durchlaucht," antwortete ich, „doch nicht eine eigentliche Geschichte — das kann ich nicht — wohl aber eine Zusammenstellung von gutem, zuverlässigem Material dazu, gewissenhaft gesammelt und richtig beleuchtet, und nicht lange nach Ihrem Tode, den wir selbstverständlich so fern als möglich wünschen, sondern dann sofort, ohne Verzug; denn der Wahrheit kann in diesen faulen Zeiten nicht bald genug zu ihrer Ehre verholfen werden."

Der Fürst sagte in dieser Sache nichts weiter. Ich aber hatte das zuverlässige Material in meinen über mehr als zwanzig Jahre sich erstreckenden, fast durchgehends unmittelbar nach Begegnungen und Gesprächen mit dem Kanzler niedergeschriebenen Tagebuchsblättern, nebst den darin verflochtenen Aktenstücken und Privatpapieren, und was fehlte, liess sich aus mündlichen und schriftlichen Mittheilungen Lothar Buchers entnehmen, die mir ausdrücklich für das Tagebuch zugingen und bis einige Monate vor seinem Ableben fortgesetzt wurden. Die nachstehenden Kapitel, namentlich die fünf letzten, sind Proben einer Zusammenstellung über die innere Geschichte unserer Zeit, wie ich sie mir bei der obigen Unterredung mit Bismarck ungefähr dachte. Sie werden, nachdem eine Uebersetzung derselben in der „Times" verwendet worden ist, hier im vielfach und in wesentlichen Punkten erweiterten **deutschen Originale** mit freundlicher Erlaubniss des genannten Blattes veröffentlicht.

Der Verfasser.

I.

Das Schicksal genialer und heroischer Geister ist zuweilen, von ihren Zeitgenossen entweder überhaupt nicht oder erst spät und dann nur von der Minderzahl begriffen und gebührend gewürdigt zu werden. Das ist aber im Grunde eine ganz natürliche Erscheinung. Solche Geister sind eben „nicht von dieser Welt", einzige Grössen der Vernunft und Willenskraft, Ausnahmen von der Regel. „Alles Grosse und Gescheite", sagt Goethe, „existirt in der Minorität. Es ist nie daran zu denken, dass die Vernunft populär werde. Leidenschaften und Gefühle mögen populär werden, aber die Vernunft wird immer nur im Besitze einzelner Vorzüglicher sein."*) Der Genius, der Heros ist nach seinem Wesen und seinen Wegen für die breite Masse, in der er auftritt, ein Fremder; er empfindet und sieht, denkt und strebt anders als die Mehrheit der Menschen, die ihn beim Beginn seiner Laufbahn umgeben, er urtheilt, sie um Kopfeslänge überragend und so ihren Horizont überschauend, über dem, was sich die öffentliche Meinung, den Zeitgeist, neuerdings nach demokratischer Afterphilosophie

---

*) Eckermann, Gespräche mit Goethe, 4. Aufl. II, 44.

auch die Volksseele nennt. Er verstösst, neues Leben und Licht in sich tragend, gegen das Mass und die Regel, die sich die Welt zuletzt bis zu seinem Erscheinen gebildet hat. Er verletzt endlich vielfach auch das, was sie als ihr Interesse zu betrachten gewohnt ist. So geschieht es, dass die Idee, die sich in ihm verkörpert, die Ziele, die er verfolgt, die Aufgaben, die er zumuthet, nicht nur jahrelang unverstanden bleiben, sondern zugleich oft als etwas Unbequemes, Feindseliges und Verwerfliches empfunden werden. „Man kann", bemerkte Goethe einmal zu Eckermann, „kaum etwas aussprechen, was dem Eigendünkel und der Bequemlichkeit schmeichelt, um eines grossen Anhanges in der mittelmässigen Menge gewiss zu sein."*) Der geniale und heroische Geist thut das Gegentheil und kann des Gegentheils sicher sein, bis lange Erfahrung, bis oft sich wiederholender Erfolg ihm bei der Menge Recht geben. Wohl bewundert man bald seine Ungewöhnlichkeit, obschon sie Vielen zuweilen an Unheimlichkeit grenzt, wohl muss man seiner Sieghaftigkeit mit der Zeit den Tribut der Achtung zollen; aber daneben regt sich fort und fort der Neid über die Macht, die er ausübt, und der Verdruss, dass er trotz der Irrthümer, die man alle Tage an ihm tadeln zu müssen wähnt, und trotz des schweren Schadens, den er angeblich stiftet, so gross ist. „Stets kriecht der Neid die Grossen an", klagt der Chor im sophokleischen Ajas. Das Grosse ist eben den Meisten unsympathisch, sie haben keine Ader, es unbefangen und ungetheilt zu verehren, sie können es nicht einmal dulden, sie müssen es hassen und dagegen frondiren, auch ohne weiteren Grund, aber immer „von Rechts wegen".

*) A. a. O. II. 120.

Vergleichen wir mit dieser Betrachtung das Verhalten des Publikums gegen die beiden letzten Genien und Heroen unsers Volks: Goethe und Bismarck. Goethes Leben erstreckte sich über mehr als achtzig Jahre, und bis zum Ende dieser langen Periode, ja noch in unsern Tagen ist von Beschränktheit und Parteigeist immer von Neuem sein Name verunglimpft und sein Schaffen falsch verstanden, getadelt und bekämpft worden. Er selbst sagt über seine Feinde, dass dieses Geschlecht nie aussterbe, und dass ihre Zahl Legion sei.*) „Eine ansehnliche Masse bilden dabei die Gegner aus Dummheit", die ihn nicht verstanden und ihn tadelten, ohne ihn zu kennen. Eine zweite grosse Menge sind die Neider, die ihm die ehrenvolle Stellung nicht gönnen, die er sich durch sein Talent erworben hat. Ferner kommen dazu die, „welche aus Mangel an eigenem Success seine Gegner geworden sind und ihm nicht verzeihen können, dass er sie verdunkelt, obwohl sie begabte Talente sind". Eine vierte Klasse, die er als „Gegner aus Gründen" bezeichnet, da sie wirkliche Schwächen und Fehler seiner Schriften schelten, verletzt ihn am wenigsten, weil er, beständig fortschreitend und höher strebend, oft die Fehler schon abgelegt hat, die sie ihm vorwerfen. „Sie schossen nach mir, wenn ich schon meilenweit entfernt war." Endlich führt Goethe noch Gegner „aus abweichender Denkungsweise" an. „Meine ganze Zeit wich von mir ab; denn sie war ganz in subjektiver Richtung begriffen, während ich in meinem objektiven Bestreben im Nachtheile und völlig allein stand."

Man vergleiche zu den nächstfolgenden Seiten den

---

*) Eckermann, Gespräche I, 102.

zweiten Abschnitt von Victor Hehns „Gedanken über Goethe", denen sie in einigen Stücken wörtlich entlehnt sind. Beim Erscheinen der ersten Werke Goethes, des Götz und des Werther, beherrschte die gebildete Schulpoesie nach Form und Inhalt, sprachlich und stofflich, die deutschen Schöngeister und die Lesewelt. Der Dichter sollte im Dienste der Tugend stehen; für die künstlerische Schönheit an sich hatten die Wortführer der Menge schlechterdings weder Augen noch Verständniss. So geschah es denn, dass die beiden Schöpfungen wie plötzlich aus flachem Lande aufgestiegene Vulkane wirkten. Sie riefen bei Allen Staunen, bei Vielen Schrecken, bei Manchen geradezu Abscheu hervor. Der Berlichingen schlug allen Regeln des Aristoteles ins Gesicht und sollte nicht aufzuführen sein. Nach Lessings Meinung war er nur ein in Gesprächsform gebrachter Lebenslauf, kein Drama. Friedrich der Grosse erblickte in ihm „eine abscheuliche Nachahmung der Engländer (Shakespears) voll ekelhafter Albernheiten, verfasst wie für die Wilden Kanadas". Emilia Galotti wurde ihm weit vorgezogen. Nur die Stellen des Stückes, die sich dem Rührenden oder dem Gespannten näherten, wurden von der Kritik gelobt. Die energische Lebenswirklichkeit des Ganzen empfand man nicht, und ebensowenig bemerkte Jemand, dass hier der Uebergang eines älteren Kulturzustandes und Staatslebens in ein anderes Zeitalter dargestellt war, und dass die eigentliche tragische Substanz des Stückes darin liegt, dass die untergehende Welt als die edle, menschliche, mitleidswerthe erscheint, die aufgehende dagegen als die böse und hassenswürdige, während sie doch das historische Recht auf ihrer Seite hat. Noch blinder stand die grosse Mehrheit des Publikums vor Werthers Leiden.

Der Held ist hier ein ausschliesslich idealistisch angelegter Charakter, der unmittelbar nach dem Unendlichen greift, ohne es innerhalb der Schranken und Bedingungen, wo es sich allein verwirklicht, fassen zu können. Er zeigt uns, dass eine schwärmerische Gemüthsart wie die seine in logischer Verkettung abwärts zur Selbstzerstörung führt. Obwohl ein edler und reicher. Geist, will und vermag er nichts Bestimmtes, jede greifbare Wirklichkeit engt ihn ein, die Welt wird ihm zur Schranke und Fessel; sein Ich gilt ihm Alles, und er folgt ihm in Allem, im Verkehr mit Menschen, in Amtsgeschäften, auch in der Liebe. Aber sein unbegrenztes Streben aus der Niedrigkeit der Dinge, in der die Alltagsmenschen sich wohl befinden, lässt ihn ohne Frucht und Frieden, und da die Welt nicht zu verneinen ist, so muss das Ich weichen. Wie hätte eine solche Entwickelung, wie hätte der Dichtergenius, der hier von eignen Seelenzuständen erzählte, damals verstanden werden können? Man hatte ja selbst niemals Aehnliches erlebt und erstrebt wie der Held des Romans, nie tiefere Bedürfnisse gehabt, das Ideale war diesem Zeitalter nur in der Form des Tugendhaften fasslich, die künstlerische Meisterschaft des Verfassers entzog sich den Blicken der Beurtheiler, die nur die schlechte Moral sahen, die er vortrug; die poetische Darstellung, die nur sich selbst zum Zwecke hat, war ein unbekannter Begriff, und so verwarfen Orthodoxe wie der Hamburger Pastor Goeze und Aufklärer wie der Berliner Nicolai das Buch mit gleicher Entschiedenheit.

Nach der Ansicht der meisten Kritiker war es eine Empfehlung des Selbstmords und eine Art Leitfaden dazu, um so gefährlicher, als der Verfasser mit liebenswürdigen Eigenschaften ausgerüstet war, und um so gottloser, als er sich offenbar vorgesetzt hatte, die Jugend durch süsses Gift zu verführen. In Leipzig wurde infolge dessen die Verbreitung und das Lesen des Buches auf Antrag von Professoren der Universität durch die kurfürstliche Bücherkommission bei 10 Thalern Strafe verboten. Dr. Ernesti, der Dekan der theologischen Fakultät, schrieb der erwähnten Kommission, dass der Roman in witziger und angenehmer Form den Selbstmord empfehle, was schwachen Leuten gefährlich werden könne. Dr. Behl, der von der Universität erwählte Bücherkommissär, gab sein Votum dahin ab, dass der Verfasser „durch seine witzige und feine Art ordentlich hinreisse, so dass er jungen Leuten von ungeübten Sinnen und dickblütigen Personen gefährlich werden könne". Obwohl das Buch schon so weit verbreitet sei, dass ein Verbot zu spät zu kommen scheine, so empfehle er ein solches doch. In Berlin half sich der gesunde Menschenverstand, der dort leuchtete, mit spöttischen Nachahmungen des Romans, dessen Poesie hier als Schwärmerei aufgefasst wurde, die mit Unsinn und Finsterniss verwandt war. Lessing erklärte ihn für eine missrathene Biographie, deren Verfasser, wenn er je zu Verstande käme, nicht viel mehr als ein gewöhnlicher Mensch sein würde. Selbst die, die sich ohne Skrupel hinreissen liessen, wie Schubart und Heinse, eigneten sich das Kunstwerk nicht zu freiem ästhetischem Genusse an, sondern schwelgten in Gefühlen und beweinten den Schatten des Unglücklichen. Es war die durch Rousseau und Richardson in die Mode gekommene Empfindsamkeit, der Werther eine neue erwünschte Gabe war, und deren höchste thränenbethaute Blüthe sich in Millers Siegwart entfaltete. Nicht weniger abfällig als Lessings Urtheile über die Erstlinge Goethes lauteten Klopstocks Aeusserungen über nachfolgende

Schöpfungen des Dichters. Allezeit erhaben und würdevoll fand er, dass bei Hermann und Dorothea der Stoff bedauerlich plebej sei, dass hier alle neun Musen für die Dorfschenke gesungen hätten, und dass die Dichtung tief unter Vossens Luise gestellt werden müsse. Die Iphigenie, dieses Drama edelster Formenschönheit und klassischer Stille, war ihm eine „steife Nachahmung der Griechen", und ähnlich krittelten andere weise Thebaner des Zeitalters der Haarbeutel. Das Schauspiel wehte sie kalt an; denn es war nicht modisch sentimental, blos seelenvoll, innig und fromm, es athmete die reinste Sittlichkeit, predigte aber nicht Moral, sein Pathos rauschte wie eine mächtige unterirdische Quelle, sein Kolorit war zu zart, um dem groben Geschmacke der Menge zu gefallen. Sie starrte die priesterliche Jungfrau bestenfalls mit grossen Augen an und gähnte inwendig. Gleichfalls unsympathischen Beurtheilungen begegneten bei damaligen Leuchten der Kritik Egmont, Tasso, Wilhelm Meister und die Wahlverwandtschaften, unter welchen Werken die letztgenannten beiden den Philisterseelen als unmoralisch Anstoss gaben. Das schöne Leben und die einfache Fülle, womit auch sie feinfühlige Geister entzückten, blieben den Alltagsmenschen verborgen. Goethes Natur und Richtung stimmten nicht zu den Lehren, die man aus der jetzt zur Herrschaft gelangten Kantschen Philosophie abgeleitet hatte.

Die Schule der Romantiker machte gegen die platte Aufklärung Front, sie kämpfte gegen die Ansprüche und Leistungen des blossen Verstandes und der abstrakten Willensfreiheit, sie wies auf das Recht und die Macht der Phantasie hin, auf das natürliche Werden und Wachsen in der Kunst wie im Staate; sie hielt auf Grund dessen den Dichter hoch, und ihr weitreichender Einfluss hob ihn auch in der Schätzung des Publikums. Zwar wandte sie sich später von ihm ab, weil er nicht mystisch genug, zu massvoll gegenüber verzückter Phantasterei und zu sehr Freund der lichten hellenischen Schönheit war, um seine Ideale im Halbdunkel des Mittelalters zu suchen; indess hatten die Meister und Zöglinge der Schule zu viel ästhetische Bildung, als dass sie im Stande gewesen wären, der innern Stimme völlig Schweigen aufzuerlegen, und so schwankte sie zwischen Anerkennung und Anfeindung des grossen Heiden in Weimar.

Wie nach ihnen die aus Frankreich importirte, mit der rationalistischen Aufklärung verwandte liberale Doktrin den Dichter herabsetzte, und wie die Herolde und Propheten dieser Richtung, erst der noch halb romantische deutschthümelnde Menzel, dann Börne, der bittere giftige Jude und Demokrat, darauf von ungefähr gleichartigem Gesichtspunkte, aber in anständigerem Tone Gervinus ihn als Aristokraten, als gesinnungslos, knechtisch, weibisch, als aller Liebe zur Freiheit und zum Vaterlande bar, kurz als in der neuen demokratischen Welt nicht mehr zeitgemäss darstellten, kann hier nur angedeutet werden, und dass ihn zuletzt noch, begreiflich genug, der Ultramontanismus in Gestalt des Jesuiten Baumgarten für Alle, die dem Zeichen: S. I. folgen, gründlichst abthat, möge ebenfalls nur kurz erwähnt sein. Goethe äusserte im Jahre 1830 — also noch kurz vor seinem Tode — zu Eckermann*) über solche Gehässigkeiten, an den Vorwurf anknüpfend, er habe in der Zeit der Befreiungskriege nicht wenigstens als Dichter für die Sache seines Volkes mitgewirkt: „Es versteckt sich hinter jenem Gerede mehr böser Wille, als Sie wissen. Ich

---

*) Gespräche mit Goethe III, 216.

fühle darin eine neue Form des alten Hasses, mit dem man mich seit Jahren verfolgt und mir im Stillen beizukommen sucht. Ich weiss, ich bin Vielen ein Dorn im Auge, sie wären mich gerne los, und wenn man an meinem Talent nicht rühren kann, so will man an meinem Charakter. Bald soll ich stolz sein, bald voller Neid gegen junge Talente, bald in Sinnlichkeit versunken, bald egoistisch, bald ohne Christenthum, endlich gar ohne Liebe zu meinem Vaterlande und zu meinen lieben Deutschen. Wenn Sie aber wissen wollen, was ich gelitten habe, so lesen Sie meine Xenien; und es wird Ihnen aus meinen Gegenwirkungen klar werden, womit man mir abwechselnd das Leben zu verbittern versucht hat."

Edler geartete Geister, tiefere Naturen sahen, unabhängig von Schule und Mode, neid- und vorurtheilslos, in ihm stets unsern ersten Dichterfürsten, und in der Kritik, die ihn verwarf, Unfug und Unsinn. So auch Vischer, der grösste Aesthetiker unserer Tage, der die Opposition gegen ihn in ergötzlichem Vergleiche verspottet. In seinen „Lyrischen Gängen" betrachtet er am Hamburger Hafen ein ungeheures Seeschiff. Da kommt eine offene, leere, brüchige Cigarrenkiste stromab geschwommen, eröffnet den Kampf mit dem Riesen, stösst wider ihn an und zerschellt jämmerlich an seinem Buge. „Da fiel nun so von ungefähr," so schliesst die Satire, „mir Goethe ein und seine Widersacher."

II.

Aehnlich wie dem vornehmsten Dichter der Deutschen ist es ihrem grössten Staatsmann ergangen. Auch Bismarck hat es vom Antritt seiner amtlichen Laufbahn bis zu dem schändlichen Reichstagsskandal vom 23. März 1895 und der albernen Hetze der demokratischen Presse vom Oktober 1896, nur einer Minderheit zu Danke gemacht. Hier wie dort bei Goethe sollte man zu viel Verehrung rügen müssen, und siehe da, hier wie dort haben wir vielmehr gegen Angriffe zu vertheidigen. Oder besser hatten wir. Auf Beider Grabstein leuchten unvergänglich die Worte: „Viel Feind, viel Ehr", und bei Bismarck wurde sein Fall nur die Folie, auf der sein Werth heller erstrahlte und das Volk seine Sieghaftigkeit allgemeiner gewahr werden und seine Unersetzlichkeit schwerer empfinden musste. Er war von Anbeginn und wurde im Verlaufe seiner Erfahrungen, in der Entwickelung und Lösung der Fragen, die an ihn herantraten, immer mehr der rein natürliche Politiker, der Mann der thatsächlichen Verhältnisse, deren Wesen und Bedeutung er mit genialen Augen, mit dem Instinkte, der rascher und sicherer fasst als aller Verstand der Anderen, erkannte, und in deren Beurtheilung und Verwendung er sich durch keine Modetheorie, durch keinerlei in langem Gebrauch für die Menge unfehlbar gewordenes, vom Herkommen heilig gesprochenes Vorurtheil irreführen liess. Er war mit dieser Denkart der Reformator nach den Forderungen des Lebens, der sein Handeln ausschliesslich auf die klare Beantwortung der Fragen: Was ist in der Sache vorhanden, was möglich, was nützlich? gründete, niemals aber nach dem einrichtete, was nach den Abstraktionen der oder jener Schule sein sollte. Aus den Reihen der Konservativen hervorgegangen, gehörte er später als leitender Politiker keiner Doktrin und keiner Partei an, und so wurde er vom Standpunkte keiner Doktrin recht begriffen und von den Lagern aller Parteien nach einander verurtheilt, gehasst und bekämpft. Den Demokraten von 1848 und denen, die ihm in der Konfliktszeit gegenüberstanden, desgleichen den vorsichtigern Liberalen, die später nach der Alleinherrschaft der Parlamente trachteten, war und blieb er ein Junker, ein Reaktionär, ein Gegner und Schädiger aller verfassungsmässigen Einrichtungen. Den Konservativen erschien er im Gegentheil eine Zeit lang als Genosse und Verwandter derer, welche die Krone von der Majorität der Volksvertretung abhängig machen wollten. Die Freihändler sahen in ihm einen unbedingten Widersacher der Lehren, die sie verfochten. Die Klerikalen behaupteten, er sei ein Feind der katholischen Kirche. Niemand war mit ihm auf die Dauer zufrieden. Anfangs schätzte man sogar seine Fähigkeiten und sein Wissen gering und prophezeite ihm ein klägliches Fiasco. Die „Berliner Allgemeine Zeitung", Vinckes Blatt, von Julian Schmidt, „Lessing dem Zweiten", redigirt und infolge dessen doppelköpfig unfehlbare Weisheit predigend, entwarf folgende Charakteristik von ihm: „Als ein Landedelmann von mässiger politischer Bildung, dessen Einsichten und Kenntnisse sich nicht über das erhoben, was das Gemeingut aller Gebildeten ist, begann er seine Laufbahn. Den Höhenpunkt seines parlamentarischen Ruhmes erreichte er in der Revisionskammer von 1849 und im Erfurter Parlamente. Er trat in seinen Reden schroff und rücksichtslos auf, nonchalant bis zur Frivolität, mitunter witzig bis zur Derbheit, aber wann hätte er einen politischen Gedanken geäussert?" In der That, so konnte man aus dieser Censur der damaligen Liberalen schliessen, der wird es nach allem Anschein zu nichts Besonderem bringen und bald sein Ministerhotel mit dem Rücken ansehen müssen.

Später noch, weil schwerer verblendet von oben und unten zugleich, am 26. August 1865, schrieb Gustav Freytag in einem Briefe an mich als Redacteur seiner „Grenzboten": „Wenn unsere Freunde sich von dem deutschen Bedürfniss, zu lieben und jede Kraftentwickelung zu verehren, nicht frei machen können, so mögen sie das in der Stille thun, wenn sie aber Herrn v. Bismarck für einen Mann erklären, der etwas Anderes als Junkerstreiche und wilde Einfälle durchzusetzen im Stande ist, und wenn sie dieser Bewunderung in meinem Blatte Ausdruck geben, so muss ich mir das als Preusse, der eine andere Idee von der Ehre eines preussischen Staatsmannes hat, doch in aller Bescheidenheit verbitten. Da schreibt ein treuherziges Gemüth so weise über Ideal- und Realismus gegenüber Elenden, die sich von den Herren Haugwitz und Lombard nur durch einen Zusatz von Suffisance unterscheiden, welcher Zusatz Ihnen, wenn mir recht ist, im Roman missfällt (Fink in „Soll und Haben") in der Wirklichkeit aber auch Ihren treuen dummen preussischen Kopf verwirrt hat." Als nun von allen Erwartungen und Prophezeiungen der Gegner das Gegentheil eintrat, sollten günstige Zufälle für ihn gearbeitet, sollte er „Glück gehabt" haben, und als er durch rasch auf einander folgende glorreiche Leistungen der Welt über seine Grösse die Augen geöffnet hatte, als er sich trotz aller Angriffe auf seine Politik Jahr nach Jahr auf seinem Posten behauptete, gesellte sich der Neid zur Opposition aus doktrinären Gründen, der Neid strebsamer liberaler Parteiführer und der gefährlichere Neid aristokratischer Politiker, die am Hofe Stimmung gegen ihn machten. Man fühlte sich hier wie dort als Kraft, die ebenfalls an erster Stelle Verwendung verdiente, ebenfalls das Hochgefühl des Herrschens beanspruchen konnte, das ihn angeblich nicht von seinem Posten weichen, nicht den sich klüger dünkenden Streblingen Platz machen und so Gelegenheit zur Entfaltung ihrer Talente geben liess.

Prüfen wir kurz die Vorwürfe, die gegen Bismarck erhoben wurden, so zerfallen sie vor den Thatsachen in Nichts. Der Reichskanzler ist als Junker geboren, d. h. der Sohn eines Landedelmanns, er fühlt sich in Urlaubszeiten gern als solcher, und er hat in den Tagen, wo er als Abgeordneter politisch zu wirken begann, die Ansichten seiner Standesgenossen theilweise vertreten und zwar oft recht derb und unverblümt, ja er hat damals öffentlich und ausdrücklich erklärt, es bereitwillig zu acceptiren, dass man ihn als Junker hinstelle. Aber er ist selbst in jener frühen Zeit kein Gegner des verfassungsmässigen Lebens überhaupt, sondern nur dem französischen Konstitutionalismus, wie er 1848 in Preussen eingeführt wurde, abhold gewesen, weil er ihn als etwas dem deutschen Wesen Aufgepfropftes, nicht aus ihm Erwachsenes betrachtete, und weil er dem Könige aufgenöthigt worden war. Er hätte damals eine ständische Verfassung und Vertretung vorgezogen, versöhnte sich aber später mit jenem mechanischen ungegliederten System soweit, dass er es mit gewissen Vorbehalten und Einschränkungen für nützlich, ja für unentbehrlich halten konnte. Als Minister und Reichskanzler hat er der Partei, die mit dem Ausdrucke Junkerthum bezeichnet wird, nur insofern nahegestanden, als er wie sie royalistisch fühlte und vorzüglich deshalb kein Ueberwiegen der Parlamente, keine solche Befugniss der Volksvertretungskörper wollte, bei der der Monarch wenig mehr als eine mit Goldtinte geschriebene Null ist. Im Uebrigen war er, wie seine Bitte um Indemnität bei der Nachwirkung der böhmischen Siege und zahlreiche andere Aeusserungen und Handlungen beweisen, zu allen Zeiten verfassungstreu und, wie abermals eine Reihe von Aussprüchen und Massnahmen, z. B. seine häufige Wahl bürgerlicher Kollegen und seine abweisende Haltung bei dem Verlangen der Lauenburgischen Ritterschaft nach Bestätigung ihrer alten Gerechtsame zeigt, kein Anwalt feudaler Ansprüche, kein Förderer unbilliger Adelsinteressen. Wie unbequem ihm auch die Opposition bisweilen wurde, wie sehr sie auch die Verwirklichung seiner Reformpläne hemmte, hat er doch niemals eine Reaktion gewollt, weder eine nach dem Herzen der Junker, der Fraktion Kleist, Lippe und Konsorten, noch eine andere. Er ist aber andererseits auch niemals unter die Liberalen gegangen, wie ihm die Kreuzzeitung einst vorwarf, als sie ihn 1872 des „Abfalles vom monarchischen Prinzipe zu Gunsten einer parlamentarischen Majoritätsherrschaft" zieh. Er hat sich vielmehr immer nur vor Augen gehalten, dass er Minister in einem Staate mit einer Volksvertretung war, deren Zustimmung zur Gültigkeit neuer Gesetze erforderlich ist, dass diese Zustimmung von einer Majorität ertheilt wird, und dass die Räthe der Krone somit verpflichtet sind, für ihre Gesetzentwürfe eine Majorität zu gewinnen, wenigstens so weit, dass dieselbe die Regierung im Allgemeinen unterstützt. Bismarck hat bewiesen, dass er eine unbedingt nothwendige Reform keiner Majorität opfern wollte, er hat aber auch den Ausspruch gethan, dass der Konflikt keine regelmässige Staatseinrichtung sein könne.

Auf die Klage der Freihändler ist zu antworten, dass ihre Theorie sich bei jedem politischen Gemeinwesen dessen natürlichen Kräften und dessen wirthschaftlicher Entwickelungsstufe anpassen muss, dass sie ganz ebensowenig wie eine liberale Verfassung allein seligmachend ist, und dass Bismarck nur darauf hingewirkt hat, dass ihre Geltung für Deutschland massvoll und mit Rücksicht auf alle Betheiligten insoweit eingeschränkt wurde, als Industrie und Landwirthschaft zu ihrem Bestehen in Gegenwart und Zukunft vor dem Wettbewerb übermächtiger Länder Schutz bedurften.

Wenn endlich die Klerikalen dem Reichskanzler eine feindselige Gesinnung gegen die katholische Kirche andichteten, so würde das ungefähr zutreffen, wenn man es umkehrte und sagte: der Ultramontanismus, der seit einigen Jahrzehnten in jener Kirche das Wort führt, zeigte sich, wie er überhaupt jeden starken Staat, der seinen Zwecken nicht dienstbar zu sein braucht, mit allen Waffen befehdet, von Anfang an als erbitterter Gegner und Aufwiegler gegen die Schöpfung Bismarcks, das Deutsche Reich mit dem protestantischen Kaiser. Der Kanzler nahm in den Streite nur die Stellung eines sich nothgedrungen Vertheidigenden ein. Er verhehlte sich die Schwierigkeiten, die jeder Kampf der weltlichen Macht mit der geistlichen, hat, durchaus nicht und wies anfänglich das Ansinnen, sich an diesem zu betheiligen, beharrlich von der Hand. Wenn er schliesslich doch mit eingriff, so bewog ihn dazu nicht das neue Dogma von der Unfehlbarkeit des römischen Pontifex und überhaupt kein Gegenstand dogmatischer Natur, sondern etwas völlig Anderes, ein vorwiegend politischer Vorgang: die Unterstützung der polnischen Propaganda im Osten Preussens, die von der römischen Priesterschaft betrieben und von der katholischen Abtheilung im Berliner Kultusministerium nach Kräften gefördert, bedenkliche Erfolge gehabt hatte und mit gefährlichen Fortschritten drohte. Hiergegen schritt er — sicherlich auch mit einem Blick auf Russland, das sein Interesse in Polen von gleichen national-klerikalen Ränken unterminirt sah und in dem deutschen Kanzler hier von Neuem den natürlichen Bundesgenossen erblicken musste — entschlossen ein, indem er den Antrag auf Beseitigung jener staatsgefährlichen Behörde stellte und diesem den ferneren auf Einführung der weltlichen Schulaufsicht folgen liess. Endlich hat er auch die Verfassungsveränderungen angeregt. Dagegen ist seine Betheiligung an den eigentlichen Maigesetzen nur eine passive gewesen, und ich habe bei wiederholten Anlässen von ihm selbst vernommen, er habe, als diese Massregeln nachträglich zu seiner Kenntniss gelangt seien, sofort starke Zweifel an ihrem Werthe und an ihrer Durchführbarkeit geäussert.

III.

Wir haben bisher gesehen, was der Gegenstand unserer Betrachtung im Lichte der Wahrheit **nicht** ist. Versuchen wir nun uns klar zu machen, was er ist; denn nicht blos bei seinen Gegnern, sondern zuweilen auch bei seinen Freunden begegnen wir Auffassungen seines Wesens, die der rechten Beleuchtung oder der Genauigkeit ermangeln. Spüren wir zunächst den Grundsätzen, die ihn leiten, und den Zielen nach, die er bei seiner Politik vor Augen hat, so hat sich hier, da er stets durch Erfahrungen belehrbar war und nie ausgelernt zu haben meinte, im Laufe der Jahre durch Beobachtung des geschichtlichen Werdens und innere Verarbeitung seiner Bildungen Mancherlei geändert. Aber die fundamentalen Ueberzeugungen, zu denen er sich auf der Höhe seiner Laufbahn bekennt, auf welche er seine Pflichten basirt, nach welchen er sich seine einzelnen Ziele steckt, stehen bei ihm grossentheils schon bei Beginn seiner politischen Thätigkeit, wenigstens seit seiner Frankfurter Zeit fest. In seinen Reden, schriftlichen Aeusserungen und amtlichen Handlungen treten deren vorzüglich zwei hervor. Bereits im vereinigten Landtage, im Abgeordnetenhause von 1849 und im Erfurter Parlamente bekannte er sich zu dem Glauben an die Nothwendigkeit und Heilsamkeit der Monarchie, wie sie sich in Preussen herausgebildet und in ihrem Wesen als lebendige Monarchie bewährt hat „und in Zusammenhang damit zu dem energischen Gefühle der Pflicht, diese Einrichtung gegen die Angriffe der Demokratie zu vertheidigen," die später unter der Firma der Fortschrittspartei das Ziel einer Beschränkung, Lähmung und Verflüchtigung der königlichen Macht durch Einschwärzung eines nicht verfassungsmässigen Parlamentarismus erstrebte. Andererseits war er schon nach den ersten Monaten seiner Wirksamkeit als Bundestagsgesandter auf dem Wege zu der Ueberzeugung, dass das Heil der deutschen Nation nur in der Begründung eines Bundesstaates unter der Führung Preussens zu suchen sei, und entfaltete er auch dafür bald eine rastlose und kraftvolle Thätigkeit, wenn auch zunächst nur negativ, das zur Zeit Mögliche versuchend, vorbereitend, nicht in direkter Linie nach dem letzten Ziele. Der zweite Artikel seines politischen Kredo ging in Anbequemung an die Umstände und mit Benutzung der wechselnden Gunst der Lage durch verschiedene Phasen hindurch. Er gab sich zuvörderst als Wunsch und Bestreben nach einem Preussen kund, das vermittelst einer festen, auf seine Vorzüge vertrauenden Politik die deutschen Mittel- und Kleinstaaten allmählich wie im Zollverein so auch durch andere Interessenverbände um sich gruppiren sollte, gestaltete sich später zu verschiedenen dualistischen Kombinationen und erreichte, als die letzte derselben ein Bundesverhältniss, bei welchem Oesterreich im Süden Deutschlands, Preussen im Norden die militärische Führung haben sollte (die Gablenzsche Mission im Frühsommer von 1866), in Wien abgelehnt worden war, ihre nahezu volle Ausprägung im Norddeutschen Bunde und ihre ganze Vollendung nach Beseitigung der zweiten und letzten Hauptschwierigkeit, Frankreichs, im Deutschen Reiche, dessen Kräftigung und Sicherung seitdem durch alle inneren Reformvorschläge des Kanzlers und gleicherweise durch die Gesammtheit der Hauptaktionen seiner auswärtigen Politik wie ein rother Faden zu verfolgen ist. Beide Glaubenssätze, der von der Nothwendigkeit eines kraftvollen, in seiner Freiheit nur durch die Verfassung beschränkten Königsthums und der von dem Bedürfniss eines um Preussen bundesstaatlich geeinten Deutschlands stehen unmittelbar neben einander und verhalten sich so, dass der erste das Mittel, der zweite den Zweck ausdrückt. Selbstzweck kann der erste bei Bismarck wohl nur in seinen Jugendjahren und später in Gefühlsmomenten gewesen sein. Zuweilen sah es vielleicht auch nur so aus, und es gab in solchen Fällen Leute, die gleich jenen alten Auguren heitere Blicke wechselten. Karlistenenthusiasmus war ihm in dieser Zeit nicht gegeben, indessen mitunter nützlich, und so stellte er sich ein. Der freie König aber gehörte aus vielen Gründen als Mittel in Bismarcks Reformationswerk. Nur ein Königthum wie das preussische konnte, den geeigneten Träger vorausgesetzt, der in diesem Falle in König Wilhelm, dem von Bismarck Berathenen und Ergänzten, vorhanden war, die von der Lage der Dinge dringend geforderte Einigung Deutschlands in Angriff nehmen, erfolgreich durchführen und, zum Kaiserthum erhöht, wahrhaft fruchtbar machen und dauernd erhalten. Eine nach dem Muster des englischen oder französischen Parlamentarismus beschnittene Monarchie hätte diese Aufgabe nicht zu lösen vermocht. Hätte der König von Preussen seinen Willen von 1860 bis 1866 der Mehrheit des Abgeordnetenhauses unterordnen und mit Ministern aus der Mitte dieser Mehrheit regieren müssen, so wäre die Umbildung der Armee unterblieben; denn die Mehrheit begriff nicht, dass in erster Linie ein stärkeres Heer nöthig war, wenn man die Einigung der deutschen Nation unter Preussen, die erfahrungsmässig auf friedlichem Wege, oder, wie man es damals nannte, „mit moralischen Mitteln" keinenfalls hergestellt werden konnte, erkämpfen wollte. Die zweite Folge einer solchen Nothwendigkeit für den König wäre gewesen, dass man mit der Mehrheit des parteiblinden Abgeordnetenhauses für die polnischen Rebellen von 1863 Partei genommen, sie ermuthigt und dadurch sich Russland entfremdet hätte, dessen Wohlwollen man für künftige Pläne und Unternehmungen in der deutschen Neugestaltung bedurfte wie das liebe Brot. Endlich würde man sich 1864 bei der Lösung der schleswig-holsteinischen Verwickelung nach dem Willen des preussischen Parlaments in den Dienst der Mehrheit des deutschen Bundestags begeben und eine Bundesexekution mit preussischen Mitteln vollzogen haben; man hätte die gemeinsame Operation mit den Oesterreichern unterlassen und wäre ohne diese von den europäischen Mächten gemassregelt worden, die Elbherzogthümer wären dänischer Besitz geblieben, der altersschwach geborene deutsche Bund wäre durch den Gehorsam Preussens verewigt worden.

Die Ueberzeugung Bismarcks, wie zu regieren ist, schliesst folgende Sätze ein: Der König von Preussen, der deutsche Kaiser herrscht nicht blos, sondern regiert auch. Die Unverantwortlichkeit seiner Person benimmt seinen Aeusserungen und Handlungen die Natur selbstständiger Willensakte keineswegs. Der oberste Inhaber der Staatsgewalt ist kein abstrakter Begriff, kein blosser Träger des monarchischen Prinzips, kein blosser Sanktionirungsapparat, aufgestellt zu dem Zwecke, die nach den Ansichten und Absichten der Mehrheit in den Parlamenten geschaffenen Gesetze für die Praxis einzuweihen, sondern eine Persönlichkeit mit einer Meinung, einem Willen und einer Stimme, womit er nicht unter, sondern in wesentlichen Beziehungen, z. B. als ausschliesslicher Inhaber des Rechtes, Krieg zu erklären und Frieden zu schliessen, über der Volksvertretung, respektive andern verfassungsmässigen Körperschaften steht. Die Verfassung Preussens und ebenso die deutsche hat nur die Wirkung, einestheils einen bestimmten Theil von Regierungshandlungen an Gesetze zu binden, die aus der Vereinbarung der Regierung mit den Volksvertretern, im Reiche zugleich mit den im Bundesrathe versammelten Mandataren der Landesregierungen, hervorgehen, andererseits den Souverän mit verantwortlichen Räthen zu umgeben, die von ihm gewählt sind und einzig und allein durch ihn von ihren Posten entfernt werden können. Wenn der Geist der Parteien, die den fremdländischen Parlamentarismus, zu deutsch die Herrschaft der Volksvertretung und im letzten Grunde bewusst oder unbewusst die Verwirklichung der sogenannten Volkssouveränität anstreben, dieses verfassungsgemässe Verhältniss nicht anerkennt, wenn der Liberalismus, blind gegen die Lehren der Geschichte, die dieses in der Denkweise des deutschen und vorzüglich des preussischen Volks wurzelnde Verhältniss zu wiederholten Malen als unumgänglich erwiesen hat, den König zu einer stummen Abstraktion machen, ihn lediglich als Ornament gelten lassen möchte, so hält er irrthümlich seine Wünsche für Thatsachen, so steht er weder auf gesetzlichem noch auf historischem Boden, sondern in der trüben Luft seiner Einbildungen.

Dies könnte zu missverständlicher Auffassung verleiten. Man könnte meinen, dass dem Kanzler im Grunde ein rationell und wohlwollend verfahrender ganz unbeschränkter Souverän höher stehe und lieber sei, als ein solcher, den die Verfassungen binden. Dem widerspricht er indessen selbst sehr entschieden und unzweideutig in einer Rede aus dem Juli 1879, wo er sagt: „Ich will mich nicht besser machen, als ich bin. Ich bin kein Gegner des konstitutionellen Systems, im Gegentheil, ich halte es für die einzig mögliche Regierungsform. Hätte ich 1866, wie wir aus dem Kriege zurückkamen, geglaubt, dass der Absolutismus in Preussen der Förderung des deutschen Einigungswerkes nützlich gewesen wäre, so würde ich unbedingt zum Absolutismus gerathen haben. Aber ich habe mich nach sorgfältigem Nachdenken dafür entschieden, dass auf der Bahn des Verfassungslebens weiterzugehen ist, was ausserdem meinen inneren Empfindungen und meiner Ueberzeugung von der Gesammtmöglichkeit äusserer Politik entspricht." Kein Parlamentarismus also, aber auch kein Absolutismus, sondern Konstitutionalismus preussischer Art, streng verfassungsmässiges Regiment, sorgfältige Wahrung einerseits der Rechte der Krone, andererseits der Befugnisse der Volksvertretung und Verwaltung des Staats durch königliche Beamte nach Massgabe von Gesetzen, die durch Zustimmung der Mandatare des Volks im Reichstag und Landtag, aber nicht allein durch diese Körperschaften zu Stande kommen. Das ist in gedrängter Fassung der Inhalt des obersten politischen Glaubenssatzes, zu welchem sich Bismarck in Betreff der innern Angelegenheiten Preussens und Deutschlands bekannt hat und den er im ganzen Verlauf seiner Thätigkeit als Leiter derselben zu verwirklichen bemüht gewesen ist.

Der zweite grosse Glaubenssatz, die andere Haupttriebfeder seines Verfahrens auf politischem Gebiete, die deutsche Idee, der Gedanke, dass der lockere Bund der deutschen Staaten zu einem Reiche unter der Aegide Preussens umgeschaffen, dass die Nation in diesem Reiche soweit irgend möglich und nothwendig zusammengeschlossen, und dass dieser Zustand mit allen billigen Mitteln erhalten und vervollkommnet werden müsse, wenn die Gaben und Kräfte dieser Nation zur vollem Entwickelung gelangen, ihre höchsten Interessen gewahrt und gefördert und schwere Gefährdung durch die Nachbarn abgewendet werden sollen, ist vom Reichskanzler bei mehreren Gelegenheiten vor dem Reichstage ausgesprochen worden. Am 9. Juli 1879 sagte er hier: „Ich habe von Anfang meiner Karriere an nur den einen Leitstern gehabt: durch welche Mittel und Wege kann ich Deutschland zur Einigung bringen, und wie kann ich, wenn das erreicht ist, es befestigen, fördern und so gestalten, dass es aus freiem Willen aller Mitwirkenden erhalten wird?" Und am 24. Februar 1881 erklärte er ebenda: „Alle Systeme, durch welche sich die Parteien getrennt und gebunden fühlen, stehen für mich erst in zweiter Linie; in erster steht die Nation, ihre Stellung nach aussen hin, ihre Selbständigkeit, unsere Organisation in der Weise, dass wir als grosse Nation in der Welt frei athmen können. Alles, was nachher folgen mag, liberale oder konservative Verfassung, ist ein Luxus der Einrichtung, der an der Zeit sein wird, wenn das Haus feststeht. Dann fragen Sie mich um meine Meinung, in welcher Weise, mit welchen mehr oder weniger liberalen Einrichtungen es zu möbliren sei. Machen Sie mir Vorschläge, und wenn der Landesherr, dem ich diene, beistimmt, werden Sie bei mir prinzipiellen Schwierigkeiten nicht begegnen. Man kann es so machen oder anders, es giebt viele Wege, welche nach Rom führen. Es giebt Zeiten, wo man liberal, und solche, wo man diktatorisch regieren muss, es wechselt Alles, hier giebt's keine Ewigkeit. Aber von dem Bau des Reiches, von der Einigkeit der Nation verlange ich, dass sie sturmfrei dastehen und nicht blos eine passagere Feldbefestigung haben."

Nach diesem Grundsatze steuerte Bismarck bei allen Winden der Parteien und unter allen Sternbildern, welche die auswärtigen Konjunkturen am Himmel aufsteigen liessen, wie nach einer Magnetnadel, nach ihnen wendete er sein Schiff bald der, bald jener Richtung in den Parlamenten zu. Das Reich war nach seiner Gründung zuvörderst nach aussen zu sichern. Dann war auf dessen innere Ausstattung Bedacht zu nehmen. In jener Beziehung sah sich der Kanzler bis 1879 der Möglichkeit einer russisch-französisch-österreichischen Allianz gegenüber, wie sie die Kaunitzsche Zeit erlebt hatte, und dieses Bündniss gegen das neue Deutschland verhütet zu haben, wird die Geschichte ihm dereinst als nicht geringeres Verdienst anrechnen, als die Politik, mit welcher er Schöpfer des deutschen Reiches wurde. Die zeitig begonnenen, unermüdlich fortgesetzten und schliesslich mit Erfolg belohnten Versuche einer Wiederannäherung an den grossen Nachbarstaat im Südosten, von dem man sich 1866 hatte trennen müssen, um die Einigung des eigentlichen Deutschland möglich zu machen, sowie die Resultate der diplomatischen Kunst des Fürsten gegenüber andern Mächten waren nicht die einzigen Mittel hierzu. Als wirksame Unterlage dieser diplomatischen Bestrebungen war es vor allen Dingen geboten, bei den Kabinetten Europas den Eindruck hervorzurufen und zu erhalten, dass das neue Reich in sich einig und fest sei, und zu diesem Zwecke musste verhindert werden, dass die Regierung im Reichstage dauernd und bei wichtigen Fragen in der Minorität blieb. Das Ausland musste sehen, dass die verbündeten Regierungen unter sich und mit der Mehrheit der Volksvertretung eines Sinnes und beide Elemente in ihrem Streben von nationalem Geiste beherrscht waren. War dies in den ersten Jahren der Fall, weil Liberale und Konservative, damals zusammenstimmend, eine nationale Majorität bildeten, so konnte sich die Meinung des Auslandes von dem Zeitpunkte an ändern, wo die Partei des Centrums entstand, und die Konservativen dem Kanzler nicht nur ihre Unterstützung versagten, sondern ihn leidenschaftlich zu bekämpfen anfingen. Von da an gehörte die Mehrheit im Reichstage unzweifelhaft der liberalen Partei, und da sich der Eindruck der Einigkeit nach aussen nur durch Kompromisse mit ihr unterhalten liess, so verständigte sich der Kanzler von Fall zu Fall mit ihr, und der Ausbau des Reiches fand unter dem Einflusse dieser Partei statt. Mit ihrer Hülfe wurde die Organisation der Wehrkraft des deutschen Bundesstaates auf sichere Basis gestellt, und die Gefahr partikularistischer und antinationaler Bestrebungen abgewendet. Ingleichen wurden mit ihr die ersten erfolgreichen Schritte gethan, das Reich in finanzieller Beziehung auf eigene Füsse zu stellen. Andere Reformen, die Bismarck im Einvernehmen mit dieser liberalen Majorität des Reichstags ausführte, muss ich wegen Raummangels übergehen. Andererseits hatte der Leiter der deutschen Politik sich der Zumuthung der Liberalen zu erwehren, die Reichsregierung einer Anzahl von ihm und von einander unabhängiger Minister zu übertragen und so die hochnothwendige Einheitlichkeit des Regiments zu beseitigen. Auch bei seinen ferneren Bemühungen für die finanzielle Selbständigkeit des Reiches und für die Schaffung eines einheitlichen Zoll- und Handelssystems in demselben, sowie in seiner Absicht, den Deutschen Kolonien zu erwerben, desgleichen in seinem Bestreben, die arbeitenden Klassen durch geeignete Massregeln und Einrichtungen in der Sicherheit der Existenz den übrigen Kreisen der Gesellschaft thunlichst gleichzustellen und die Einwirkung der Sozialdemokratie auf jenen Stand abzuschwächen, sah sich der Reichskanzler von der Volksvertretung weniger unterstützt als von den Regierungen.

Ich gedenke, an diese Thatsache anknüpfend, nun der Stellung, die der Fürst Bismarck zu den Einzelregierungen im Reiche einnahm. Dieselben konnten ihm unbedenklich Beistand leisten, da sie ihm vertrauen durften; denn er hatte ihnen zu keiner Zeit Zumuthungen gemacht, die über das Nothwendigste hinausgingen, Ansinnen, wie sie die Unitarier, diejenigen wohlmeinenden, aber kurzsichtigen Doktrinäre verlangen, die nicht in der Einigkeit, sondern in der ungegliederten Einheit Deutschlands ihr Ideal erblicken. Er war auch in dieser Hinsicht der Staatsmann, der sich an die Natur der Dinge hält und nur das unumgänglich Nöthige, das unter den obwaltenden Umständen Mögliche fordert. Ich spreche mit seinen eigenen Worten, wenn ich sage: „Ist denn der Unitarismus die nützlichste und beste politische Gestaltung? Ist er es namentlich in Deutschland? Dass er es nicht ist, beweisen gerade die partikularistischen Bildungen, die es nach allen Richtungen, nicht blos räumlich, durchsetzen. Sie haben nicht blos einen Dorfpatriotismus und einen Stadtpatriotismus in einer Ausbildung, wie ihn die Romanen und Slaven gar nicht kennen, Sie haben auch einen Fraktionspatriotismus und einen Ressortpatriotismus, der Alles ausserhalb der eigenen Fraktion und des eigenen Ressorts als Ausland betrachtet. Das hat dahin geführt, dass der Deutsche sich nur in einem kleinen Gebiete behaglich fühlt, so dass man nicht wohlthut, ihm von seinem häuslichen Behagen mehr zu nehmen, als unbedingt zum Zusammenhalten des Ganzen, zur Wirkung nach aussen erforderlich ist. Der Partikularismus ist die Basis der Schwäche, aber auch in einer Richtung die Basis der Blüthe Deutschlands. Die kleinen Centren haben ein Gemeingut von Bildung und Wohlstand nach allen Theilen desselben verbreitet, wie man es in centralisirten grossen Ländern schwer findet. Die Fehler des Partikularismus, die Schwäche nach aussen, die Zerrissenheit im Innern, die Hemmstricke für die Entwickelung von Handel und Verkehr hat der Bund (der neue, der Norddeutsche, der Vorgänger des jetzigen Reiches ist gemeint) im Prinzipe vollständig durchschnitten, und seine Aufgabe ist, sie gänzlich zu beseitigen. Lassen Sie ihm Zeit dazu, er wird es zu Stande bringen, und wir werden dabei einträchtig zu einem positiven und von der ganzen Nation dankend anerkannten Ziele gelangen. Betrachten Sie die Staatenbildungen, welche eine grosse Entwickelung im Vergleiche mit ihren physischen Kräften erreicht haben, ohne dass die innere Freiheit darunter gelitten hätte, so werden Sie finden, dass sie vorzugsweise auf germanischem Boden wachsen. England ist eine solche, und es ist im hohen Grade decentralisirt. Sehen Sie sich die mächtige, reiche Erscheinung der nordamerikanischen Freistaaten darauf an, ob man dort den Einheitsstaat als die Basis gesunder Ausbildung betrachtet. Erinnern Sie sich der Schweiz mit ihrer Kantonalverfassung. Blicken Sie zurück auf ein Gebilde, welches die meiste Aehnlichkeit mit dem unsrigen hat, auf die vereinigten Niederlande, auf die Generalstaaten mit ihren bewundernswürdigen politischen Leistungen und dem hohen Masse von Freiheit, welches hier den einzelnen Gliedern des Landes gewährt war. Die Centralisation ist mehr oder minder eine Gewaltthat und ohne einen wenigstens am Geiste der Verfassung sich versündigenden Bruch kaum durchzuführen, und ein solcher Bruch hinterlässt, mag er auch der Form nach gerechtfertigt erscheinen, lang nachblutende Stellen. Ich glaube, man soll sich in germanischen Staaten nicht fragen, was **kann**, sondern was **muss** gemeinsam sein, und was nicht gemeinsam zu sein braucht, soll man der speciellen Entwickelung überlassen. Wir suchen in Preussen provinzielle und lokale Selbständigkeit zu schaffen; warum sollten wir da im Bunde das Gegentheil thun, wo wir Derartiges schon haben, und zwar Selbständigkeiten, welche Deutschland von grossem Nutzen gewesen sind? Wir haben beispielsweise von Sachsen Vieles lernen können für unsere Verwaltung; wir haben ähnliche Erfahrungen in Hannover gemacht, und ich freue mich dabei über einen Fortschritt in Preussen: dass der Fluch der hohen Meinung, womit der Mensch sich selbst betrügt, bei unserer näheren Bekanntschaft mit der Verwaltung der kleinen Staaten allmählich von uns genommen wird. Aber das sind Vortheile, die eben aus dem selbständigen Leben dieser Staaten hervorgehen und uns um so weniger berechtigen, denselben den ihnen verfassungsmässig zugesicherten Einfluss auf die Allgemeinheit gegen unser Interesse zu verkümmern." Aehnliche Gedanken entwickelte Bismarck noch 1893 in Kissingen. Dass ihm das Auftreten von Unitariern immer und ganz unwillkommen gewesen wäre, will ich nicht behaupten. Sie waren ein Gegengewicht in der Wage der öffentlichen Meinung gegen die Extreme des Partikularismus, und sie schufen dem Kanzler Gelegenheiten, sich durch Bekenntniss zum Gegentheil ihrer Wünsche im Vertrauen der Bundesfürsten zu befestigen. Das sind aber die Gedanken eines echten und wirklichen Staatsmannes, eines weitblickenden Politikers. Staatsmännisch, politisch urtheilen und handeln heisst, sich über die Bedingungen seiner Zwecke klar bewusst, dem geschichtlichen Leben und der Natur der Dinge entsprechend, also sachgemäss, bis ans Ende schauend und billig denken und verfahren, von dem Erreichbaren nur das Nothwendige in die Hand nehmen, das Gute nicht verschmähen, weil das Besserscheinende zur Zeit noch nicht zu haben ist. Die erleuchtete Politik begnügt sich auch mit Theilzahlungen, und sie giebt wenig auf die Form, Alles auf den Inhalt. Sie bindet sich nicht an Theorien, trachtet nicht nach Phantasien und weiss wohl die Gefühle Anderer ihren Absichten vorzuspannen, hat aber selbst keine, und noch weniger verstattet sie Leidenschaften das Wort. Sie ist eine eminent verständige Kunst. Der Staatsmann, wie er sein soll, generalisirt nicht, übertreibt und übereilt sich nicht, er sinnt nicht auf Rache und kennt keine Schadenfreude. Er verfährt wie der Kaufmann, der mit der Konjunktur rechnet und lediglich nach dem Nutzen seiner Unternehmungen fragt. Er vermeidet Konflikte und Kriege, so lange es ohne Nachtheil und Versäumniss möglich ist, er beschleunigt den Ausbruch des Krieges, wenn er ihn nicht mehr zu umgehen vermag, da rechtzeitige Offensive bei ungefähr gleichen Kräften die beste Defensive ist. Bismarck ist in erster Reihe durch sein angeborenes Genie, durch seinen fast unfehlbaren Instinkt in der raschen und glücklichen Auffindung von Mitteln, Massregeln und Auswegen vor neuen historischen Situationen ein Staatsmann ersten Ranges, sodann aber auch dadurch, dass ihm die soeben aufgezählten Grundregeln der Politik zur andern Natur geworden, gleichsam in Fleisch und Blut übergegangen sind, so dass er schlechterdings nicht anders als politisch handeln kann. Die Entwickelung der Staatsangelegenheiten, der politischen natura naturans gebiert gleich der in andern Bereichen der Schöpfung fortwährend neue Lagen, neue Bedürfnisse, neue Anläufe zu deren Befriedigung und neue Hindernisse, die sich nur zu einem kleinen Theile von allen Denkenden ahnen, zum Theile selbst von bedeutenden Talenten nicht voraussehen lassen, da dieser Vorgang ein unbewusstes Werden ist. Die geniale Begabung, die dem allein gewachsen sein lässt, die sie, mit ihm verwandt mit den Augen der Intuition sieht, die Kunst, jeder unerwarteten Wendung der Verhältnisse unverweilt mit den geeignetsten Mitteln zu begegnen und sie seinen Absichten dienstbar zu machen, diese unerschöpfliche Strategie des staatsmännischen Genies ist in ihrer Einheit unbegreiflich wie das Element, die Urkraft; sie lässt sich nicht in ihre Bestandtheile zerlegen und folglich auch nicht beschreiben. Dies gilt auch von Bismarcks Begabung: wir sehen ihre Aeusserungen, aber ihr letzter Grund, ihre Wesenheit bleibt Mysterium. Niemand, er wäre denn auch vom Genius erfüllt, kann mit einiger Sicherheit sagen, was der Kanzler gethan haben würde, wenn die Lage sich zu der oder jener Zeit anders gestaltet hätte, als sie war, aber Alle haben die Empfindung, dass er sie ebenfalls siegreich bewältigt hätte, und zwar auf sehr einfachem Wege, der hinterher aller Welt als selbstverständlich erschienen wäre wie das Ei des Kolumbus. Gedacht und gewünscht wurde das, was er geschaffen hat, im Grossen und Ganzen nachweisbar von Vielen, aber eben nur gedacht und gewünscht. Dass er das Wie fand, den rechten Weg zur Verwirklichung entdeckte, ihn einschlug und nie abirrte, ist die Wirkung seines Genies, seines Instinkts, seines immer originellen, in der Produktion wie in der Kritik gleich mächtigen, mit heroischer Willenskraft gepaarten Verstandes. Wir haben in allem seinen Thun und Lassen ein vollkommen reines Rechnen mit klar erkannten Kräften und Zuständen vor uns, dem es beim Ausdrucke seiner Ergebnisse und deren Anwendung doch nicht an gewinnender Wärme und poetischem Glanze fehlt. Wir begegnen ferner in seiner Wirksamkeit bei vielfachem Wechsel der Mittel, der Neben- und Zwischenziele einer Konsequenz, die fest und streng das Hauptziel im Auge behält, einem weitreichenden Ueberblicke über die mehr oder weniger sicheren Möglichkeiten zu seiner Erreichung, einem überaus feinen Takte in der Behandlung der dabei vor Allem in Betracht kommenden massgebenden Personen, der Gabe, im rechten Augenblicke zuzugreifen und zuzuschlagen, sonst zu vertagen, und einer fast beispiellosen Geschicklichkeit, den Gegner unvermerkt dahin zu lenken, dass er sich selbst vor der Welt ins Unrecht versetzt. Wir sahen neben gewaltiger Energie des Willens, grösster Entschlossenheit, Unerschrockenheit und Beharrlichkeit, Eigenschaften, mit denen er vor nichts Nothwendigem zurücktritt, jene Regeln staatsmännischer Kunst in ungewöhnlicher Vollkommenheit verkörpert, Mässigung und Billigkeit, die nur das Wesentliche fordert und darum zur Vereinbarung über nur scheinbar Werthvolles, aber in Wahrheit Nebensächliches oder ganz Gleichgültiges, das gleichwohl, wie z. B. Ornamentales, Etikettenmässiges hohen, auch höchsten Personen oft ganz besonders am Herzen liegt, bereitwillig die Hand bietet. Ein kalter Kopf über einem heissen Herzen, die höchste Findigkeit bei der höchsten Kühnheit, Odysseus und Achilleus in Einer Person — das ungefähr möchte die Lösung des Räthsels sein, welches uns die fast lückenlose Kette staunenswerther Erfolge aufgiebt, die sich durch das Leben Bismarcks als Ministers und Reichskanzlers hindurchschlingt.

IV.

Wir gehen nun von Behauptungen zu Belegen, von allgemeinen Charakterzügen zu besondern Bethätigungen des Wesens unseres Helden über. Zunächst noch einige Beispiele seines massvollen und besonnenen Verhaltens gegenüber Ansprüchen entgegengesetzter Art, die in seiner Umgebung, zuweilen recht ungestüm, laut wurden. Bismarck rieth 1866, als von höhern Kreisen des Feldlagers, auch vom Könige Wilhelm, der Besitz ganz Sachsens, wenigstens eines grossen Theils desselben, Nordböhmens und des einst den Hohenzollern gehörigen Nordbaierns ins Auge gefasst war, von den eroberten Landstrichen nur Hannover, Kurhessen, Nassau und Frankfurt zu behalten, weil dadurch eine Lücke zwischen der östlichen und der westlichen Hälfte Preussens ausgefüllt wurde und weil die Bevölkerung dort der preussischen im Grossen und Ganzen homogen war. Eine Theilung Sachsens würde, so erklärte er denen, die den Westen des Königreiches, etwa von Leipzig bis Zwickau, und im Osten die Gegend von Zittau verlangten, Verbitterung in dem übrigbleibenden Gebiete erregen und dem beabsichtigten neuen deutschen Bunde ein verstimmtes, grollendes Glied einfügen. Ganz

Sachsen zu beanspruchen, würde bedenklich sein, da Oesterreich in diesem Falle wahrscheinlich weiter kämpfen und dann Frankreich — nicht für die sächsische Dynastie, sondern im eigenen Interesse am Rhein — sich am Kriege betheiligen und schon eine geringe französische Kriegsmacht hinreichen würde, die inzwischen numerisch sehr stark gewordenen süddeutschen Truppen einig und unternehmend zu machen. Er wollte aus dem gleichen Grunde Oesterreich und Baiern vor Landverlust bewahrt wissen, zugleich aber deshalb weil er sich die Möglichkeit einstiger Verständigung mit dem Wiener Hofe nicht durch Erweckung bleibender Ranküne abschneiden durfte, und weil er durch den Verzicht auf die Erwerbung Nordbaierns ein werthvolles Bündniss mit ganz Baiern einzutauschen hoffte. Er rechnete dabei richtig. Die Verständigung mit Oesterreich kam 1879 zustande, und das schon 1866 abgeschlossene Bündniss mit Baiern half 1870 Frankreich besiegen.

Der Kanzler nahm ferner das Elsass und einen Theil Lothringens nicht deshalb, weil sie einmal Bestandttheile des deutschen Reiches gewesen waren — „das ist Professorenidee", sagte er, als dieser sentimentale Grund unter uns zur Sprache kam — sondern aus militärischen Motiven: „weil die dominirende Lage von Strassburg und der vorspringende Winkel von Weissenburg Süddeutschland vom Norden abschnitten und es steten Ueberfällen durch die Franzosen aussetzten." Metz wurde aus ähnlichen Gründen gefordert. Er liess diese Lande nicht zur preussischen Provinz erklären, wie wohlmeinende Patrioten, z. B. Heinrich v. Treitschke, wünschten und ihm nahelegten, sondern bewirkte, dass sie Reichsland wurden, indem er dadurch den Neid und die üble Nachrede der Bundesgenossen, sie hätten einen Eroberungskrieg

für Preussen führen müssen, vermied, und indem durch
das gemeinsame Eigenthum des Nordens und des Südens
an dieser Eroberung ein gemeinsames Interesse und damit
wieder ein starkes Bindemittel zwischen den Staaten
nördlich und südlich vom Main geschaffen wurde. Bei
jeder Verhandlung über diese oder später auftauchende
verwandte Fragen bekundete er die Selbstbeherrschung,
die genügsame Vorsicht und den weiten Blick des Staatsmannes,
der mit Kopf und Herz über seiner Umgebung
steht, und den mit solcher Natur verbundenen billigen
Sinn; bei keiner Gelegenheit ähnlicher Art liess er sich
durch Gefühle des Publikums von Entschlüssen, die ihm
sachgemäss und zweckdienlich erschienen, irgendwie
ablenken.

Als im September 1870 die „Nationalzeitung" über
die rücksichtsvolle Behandlung des Kaisers der Franzosen
klagte und der Meinung war, die Nemesis hätte gegen
diesen unsern Gefangenen, den Mann des zweiten
Dezember, den Urheber der Sicherheitsgesetze, den Anstifter
des mexikanischen Trauerspiels, den Anzetteler
des jetzigen greuelvollen Krieges weniger galant sein
sollen, der Sieger sei hier nach dem Urtheile des Volksgemüths
allzu ritterlich gewesen, war der Kanzler dieser
Ansicht ganz und gar nicht. „Das Volksgemüth, die
öffentliche Meinung", sagte er, „denkt allerdings so. Die
Leute verlangen, dass bei Konflikten der Staaten der
Sieger sich mit dem Moralkodex in der Hand über den
Besiegten zu Gericht setze und ihn zur Strafe ziehe für
das, was er gegen ihn begangen, womöglich auch für
seine Sünden gegen Dritte. Das ist aber ein ganz ungebührliches
Verlangen. Die Begriffe Strafe, Lohn, Rache
gehören nicht in die Politik. Diese darf der Nemesis
nicht ins Handwerk pfuschen, nicht das Richteramt üben

wollen, das ist Sache der göttlichen Vorsehung. Die Politik hat nicht zu rächen, was geschehen ist, sondern zu sorgen, dass es nicht wieder geschehe. Sie hat sich unter allen Umständen einzig und allein mit der Frage zu beschäftigen: ‚Was ist hierbei der Vortheil meines Landes, und wie nehme ich diesen Vortheil am besten wahr?' Sie hat sich in diesem Falle zu fragen: ‚Wer wird nützlicher sein, ein schlecht behandelter Napoleon oder ein gut behandelter?' Die Möglichkeit ist doch nicht ausgeschlossen, dass er einmal wieder obenauf kommt." — Wir meinen hier ganz die Tonart zu hören, in welcher er vier Jahre früher Ueberlegung und Mässigung empfohlen hatte, als neben der Begehrlichkeit auch das Gefühl der Rachlust im böhmischen Feldlager die Wegstreichung Sachsens von der Karte und die Lostrennung Frankens von Baiern gefordert hatte. Beust und Pfordten waren vor dem „Volksgemüth" der Nationalzeitung ebenfalls strafwürdige Sünder, und namentlich der Dresdener Premier war von der Nemesis unnachsichtlich und gründlich zu züchtigen.

In derselben Tonart äusserte sich Bismarck in Versailles auch nach anderer Richtung hin. Es war, als über Tische sein Vetter, Graf Bismarck-Bohlen, in Betreff der Verhaftung Jacobys, des bekannten Königsberger Demokraten, seine Freude äusserte, dass man „den faulen Schwätzer endlich eingespunden" habe. Der Kanzler erwiderte: „Ich freue mich darüber ganz und gar nicht. Der Parteimann mag das thun, weil seine Rachegefühle dadurch befriedigt werden. Der politische Mann kennt solche Gefühle nicht; der fragt sich nur, ob es nützt, wenn ein Gegner gemisshandelt wird." Er bestritt in diesem Falle die Opportunität des Verfahrens der Behörde, während er es vom Standpunkte des Kriegsrechts in der Ordnung fand und mich dies in die Weserzeitung bringen liess.

Gleichfalls in diesen Zusammenhang gehörig und gleichfalls sehr charakteristisch sind die Urtheile Bismarcks über die Aufnahme, welche die in Versailles abgeschlossenen Verträge wegen des Eintrittes der süddeutschen Staaten in den Nordbund von Seiten der öffentlichen Meinung zu erwarten hatten, und über die Ausstellungen, die bald nachher wirklich daran gemacht wurden. Als der Traktat mit Baiern unterzeichnet werden sollte, sagte er: „Die Zeitungen werden damit nicht zufrieden sein, und wer einmal in der gewöhnlichen Weise Geschichte schreibt, kann unsre Abkommen tadeln. Er kann sagen: Der dumme Kerl hätte mehr fordern sollen, er hätte es erlangt, sie hätten gemusst. Und er kann Recht haben — mit dem Müssen. Aber was sind Verträge, wenn man sie abschliessen muss! Mir lag mehr daran, dass die Leute mit der Sache innerlich zufrieden waren, und ich weiss, dass sie vergnügt fortgegangen sind. Ich wollte sie nicht pressen, die Situation nicht ausnutzen. Der Vertrag hat seine Mängel, aber er ist so fester. Ich rechne ihn zu dem Wichtigsten, was wir in diesem Jahre erreicht haben."

Einige Tage darauf bemerkte er über die Pressstimmen, denen diese Uebereinkunft nicht genügte: „Ich habe mir's gleich gedacht. Es missfällt ihnen, dass gewisse Beamte baierische heissen, die sich doch ganz nach unsern Gesetzen richten müssen. Mit dem Militär ist's in der Hauptsache ebenso. Die Biersteuer ist ihnen auch nicht recht; als ob wir das nicht jahrelang im Zollvereine gehabt hätten? Und so haben sie noch Allerlei auszusetzen, wo doch alles Wesentliche erreicht und gehörig festgemacht ist. Sie thun, als ob wir den Krieg gegen Baiern geführt hätten wie 1866 gegen Sachsen, während wir doch jetzt die Baiern als Bundesgenossen zur Seite haben. Ehe sie den Vertrag gutheissen, wollen sie lieber warten, bis sie die Einheit kriegen in der ihnen genehmen Form. Da können sie lange warten. Ihr Weg führt zur Verschleppung, wo es doch rasch handeln heisst. Zögern wir, so gewinnt der böse Feind Zeit, Unkraut dazwischen zu säen, und wenn das aufgeht, können sich diese Tadler auf dem Altare des Vaterlandes todtschlagen lassen, es wird doch nichts aus ihren Wünschen."

Hiermit wolle man die folgenden Stellen aus meinem Tagebuche vergleichen. Die erste ist vom 26. September 1888 und betrifft ein Gespräch, das ich am Morgen desselben Tages auf einer Fahrt von Friedrichsruh nach Silt und Schönau mit dem Kanzler gehabt hatte, und das sich auf das kurz vorher auszugsweise von Geffcken veröffentlichte Tagebuch des Kronprinzen und spätern Kaisers Friedrich III. bezog. Die betreffenden Stellen meiner Aufzeichnung haben es mit der Verschiedenheit der Methoden zu thun, nach denen auf der einen Seite der Prinz, auf der andern der Kanzler im Sommer von 1870 die Frage der Einigung Deutschlands behandelt und gelöst wissen wollten. „Der Kronprinz", sagte Bismarck am 26. September über diesen Punkt u. A., „war nur theilweise in unsere Verhandlungen eingeweiht, weil der König fürchtete, er werde seiner Frau oder direkt der Königin Victoria und ihrem Hofe, wo man mit den Franzosen sympathisirte, darüber schreiben. Zweitens aber konnte er uns dadurch schaden, dass er von unsern deutschen Bundesgenossen zu viel wollte und an Zwangsmassregeln dachte, zu denen seine guten Freunde in Baden und Koburg riethen, Roggenbach z. B., der immer ein Narr war. Er war also über die Geschäfte nur oberflächlich informirt. Dennoch muss es auffallen, dass in den Aufzeichnungen, die doch Tag für Tag niedergeschrieben sein wollen, so viele falsche Eindrücke, Vermischungen, Verwechselungen und chronologische Irrthümer vorkommen. Da soll ich Mitte Juli nach Varzin zurückgewollt haben, weil der Friede nicht mehr gefährdet sei, während er doch wusste, dass ich den Krieg für unvermeidlich ansah und zurücktreten zu wollen erklärt hatte, als der König nachzugeben Miene machte. Es ist ferner nicht denkbar, dass der Kronprinz sich schon frühzeitig bemüht haben will, Nichtpreussen das Eiserne Kreuz zu verschaffen, während er doch noch in Versailles gegen diese zuerst von mir vorgeschlagene Massregel war. Erst hier soll sodann der Streit zwischen mir und ihm über die Zukunft Deutschlands stattgefunden haben, wo er sich doch an frühere Meinungsdifferenzen dieser Art erinnern musste, die zu sehr lebhaften Auseinandersetzungen geführt hatten, welche man nicht leicht vergisst. Es war schon vor oder gleich nach Sedan, bei Beaumont oder bei Donchery, und unsere Unterhaltung fand in einer langen Allee statt, wo wir neben einander herritten. Wir geriethen dabei mit unsern Ansichten über das, was möglich und moralisch zulässig war, hart aneinander, und als er von Gewalt und Zwangsmassregeln gegen die Baiern sprach, erinnerte ich ihn an Markgraf Gero und die dreissig Wendenfürsten, auch an die Mordnacht von Sendling. Als er aber bei seiner Meinung blieb, sagte ich ihm (wohl nicht so schroff und unverblümt), das könne vielleicht ein Prinz, aber kein Edelmann versuchen. Es wäre Treulosigkeit, Misshandlung und Verrath an Bundesgenossen gewesen, die ihre Schuldigkeit gethan hatten, ganz abgesehen von der

Unklugheit des Attentats, wo wir sie noch nöthig hatten. Auch das kann der Kronprinz kaum selbst geschrieben haben, was das angebliche Tagebuch über meine Stellung zur Kaiserfrage im Jahre 1866, über meine Absichten in Betreff der Infallibität und über die Oberhausidee und die Reichsministerien anführt. Er hat 1870 nicht mehr zweifeln können, dass das Kaiserthum, wie er sich's 1866 vorstellte, damals weder nützlich noch erreichbar gewesen wäre, ja das Kaiserthum überhaupt nicht. Er wollte 1866 keinen Kaiser, sondern einen König von Deutschland; die übrigen Könige und die Grossherzöge sollten wieder werden, was sie gewesen seien — blosse Herzöge. Als ob das so leicht zu machen gewesen wäre! Es kam aber 1870 wieder, und er liess sich erst später von mir überzeugen. Das Oberhaus war schon bei Beaumont oder Donchery zwischen uns beseitigt worden, desgleichen die Reichsminister."

Die andere Stelle, welche die vorherige ergänzt, ist der Information zu einem Aufsatze für die „Grenzboten" entnommen, dessen Gedanken ich mir am 10. Februar 1889 Nachmittags auf Befehl des Reichskanzlers in dessen Palais zu Berlin holte. Dieselbe lautet: „Als ich des Artikels über ihn und den Kronprinzen bei den Versailler Verhandlungen mit den Baiern erwähnte, wollte er ihn sehen, worauf er sagte: ‚Ich möchte Sie bitten, doch daran anzuknüpfen und auf Geffckens Auszug aus dem Tagebuche des Kronprinzen zurückzukommen,*) oder richtiger, aus einem der drei oder vier Tagebücher

---

* Er hatte sich inzwischen überzeugt, dass Geffcken wirklich nach Aufzeichnungen des Kronprinzen gearbeitet hatte. Zwei Tagebücher, ein kürzeres und ein sehr ausführliches in Folio, beide durchweg von der Hand Sr. K. Hoheit geschrieben und später im Hausministerium verwahrt, hatten uns in Friedrichsruh einige Tage vorgelegen.

aus dem Kriege und aus spätern Jahren. Die letztern sind eigentlich keine Tagebücher. Ein Tagebuch ist eine Reihe von täglichen Aufzeichnungen, in denen man hinschreibt, was man erlebt und erfahren hat, unmittelbar darnach wie ein Tourist, und so verhält sich's auch mit dem einen, dem ursprünglichen. Es ist kurz, beschäftigt sich vorzüglich, wie es die Kriegszeit mit sich brachte, mit militärischen Dingen und enthält so gut wie gar keine politischen Betrachtungen. Die andern sind später interpolirt, nach Gesprächen, die er mit guten Freunden oder solchen, die er dafür hielt, gehabt hatte. Er bildete sich dabei ein, dass er das schon 1870 selbst gedacht habe. Ich sage, er bildete sich das ein und glaubte daran; denn er war ein sehr wahrheitsliebender Herr. Die guten Freunde waren Missvergnügte, Streber und Intriguanten, Leute, die sich zu grossen Dingen berufen fühlten, die es besser wussten und konnten als die Regierung, die gern mitgeholfen hätten, aber nicht durften. Es waren verkannte Talente, sitzen geblieben und kalt gestellt sagen Sie, politische Winkelkonsulenten und Pfuschdoktoren. Er zeigte ihnen das Tagebuch, und sie machten ihre Bemerkungen dazu, die er dann eintrug. Sie hatten gefunden, dass es in dieser Gestalt eine nützliche Unterlage für die Zukunft abgeben könne. Die verschiedenen Umgestaltungen sind darauf zurückzuführen. Er liebte auch das Abschreiben, wie ähnliche äusserliche Beschäftigungen, z. B. das Siegeln. Und er hatte Zeit dazu. Sein Vater hielt ihn von allen politischen Geschäften fern, er redete selbst beinahe niemals mit ihm von solchen Sachen und verbot es auch mir, ihm davon Mittheilung zu machen. Von 1863 an gab es ununterbrochene Kämpfe zwischen den Beiden, und mehrmals kam es dabei zu heftigen Auftritten, wo ... So auch in Versailles bei der Kaiserfrage (in der sich der Kronprinz die Pläne Bismarcks endlich angeeignet hatte und sie bei seinem Vater befürwortete), wo der allergnädigste Herr zuerst von unsern Vorschlägen nichts wissen wollte und einmal so zornig wurde, dass er mit der Faust neben dem Tintenfasse auf den Tisch schlug, so dass es hoch aufhüpfte und fast zum Fenster hinausgeflogen wäre. Und hier können Sie den Bericht des Tagebuchs über diese Angelegenheit ergänzen. Wie es überhaupt lücken-' haft und unvollständig ist, so fehlt bei ihm auch der erste Akt der Verhandlungen, wo ich den Kronprinzen von seiner wohl aus Baden stammenden Ansicht abzubringen hatte, dass die Kaiseridee undeutsch, Deutschland schädlich sei, wobei er aber nur an die mittelalterlichen Kaiser, an Römerzüge, an Karl den Fünften dachte. Er wollte nur einen König von Deutschland oder der Deutschen, und die andern drei Könige sollten wieder den Herzogstitel annehmen: Herzog von Baiern, von Schwaben, von Sachsen. Daran knüpfte sich die Idee der Vergewaltigung: sie sollten nach Versailles eingeladen werden, und hätte man sie einmal da, so sollte es heissen: Friss, Vogel, oder ... Das war nun nicht mein Fall. Das wäre Verrath, Untreue und Undank, und dazu gäbe ich mich nicht her, auch weil es keinen Bestand hätte. Auf friedlichem Wege liessen sich die Könige nicht degradiren. Dann stellte ich ihm die Vorzüge der Kaiseridee vor, etwa wie ich später an den König von Baiern schrieb: die Könige würden sich lieber einem Landsmanne, der den Titel deutscher Kaiser führte, als einem Könige von Preussen, einem grösseren Nachbar, der an die Spitze Deutschlands gestellt werden sollte, unterordnen und ihm Rechte in Krieg und Frieden einräumen. Im Volke aber habe der Kaiser mehr Eindruck hinterlassen als die wenigen Fürsten, die sich nach Karl dem Grossen deutsche K ö n i g e genannt hätten, wie z. B. Heinrich der Finkler. Es hoffe bei der Wiederherstellung des Reiches auf einen K a i s e r als Schlussstein. Ein K a i s e r sitze im norddeutschen Kyffhäuser und im süddeutschen Untersberge, kein K ö n i g. Man denke sich dabei keinen römischen Kaiser, keine Römerzüge und keinen Anspruch auf Weltherrschaft, die gegen das wahre Interesse der Nation wäre; es sei vielmehr eine rein nationale Idee, die damit repräsentirt werde, und die auch uns vorschwebe: die Idee der Einigung nach Zwietracht und Zerfall, der neuen Macht und Sicherheit durch diese Einigung, diese Konzentrirung zu gleichen Zielen aller Glieder. Diese Gedanken hätten schon 1818 in der Burschenschaft gelebt, 1848 wären sie in der Paulskirche zu Worte gekommen, 1863 hätte Oesterreich mit seinem Verfassungsentwurf für den Fürstentag Aehnliches im Sinne gehabt. Nur dachte es dabei in erster Linie an sein eigenes Interesse. Später war bei der Gründung des Norddeutschen Bundes von einem Kaiser desselben die Rede, und man sah davon nur desshalb ab, weil Baiern und Württemberg in diesem Falle damals sich gewiss nicht angeschlossen hätten — und später wahrscheinlich auch nicht . . . Die Ueberzahl der Könige überzeugte ihn allmählich, und er war nun für den Kaiser. Diesen ganzen Akt hat er im Tagebuche vergessen. Er schreibt da, als ob er die Kaiseridee erfunden und gleich anfangs angeregt hätte, während sie doch schon lange in allen Schichten des Volkes lebte — als Hoffnung, und er zuerst nichts von ihr wissen wollte. — Nun kam der dritte Akt, wo wir allerdings zusammen den alten Herrn in der Präfektur für sie gewinnen wollten. Der wies uns zuerst heftig ab und gerieth in Wuth, als wir dabei blieben. Ich fragte, ob er denn ewig ein Neutrum bleiben wollte. — Was meinen Sie damit? Was für ein Neutrum? — Nun, das Präsidium, erwiderte ich. Es half auch nichts. Dann verstand er sich einigermassen dazu, wenn er den Titel Kaiser von Deutschland führen dürfe. Ich setzte ihm aus einander, dass dies gegen die Verträge sei und den Territorialbesitz ganz Deutschlands ausdrücken würde. Er meinte, der Zar nenne sich ja auch Kaiser von Russland. Ich widersprach und sagte, der Titel sei russischer Kaiser. (Er citirte den russischen Ausdruck.) Er aber blieb bei seiner Meinung, bis er Schneider darüber befragte und der mir Recht geben musste."

. Wir lassen uns nun in weiterer Verfolgung unseres Themas aus den höchsten und allerhöchsten Regionen wieder zu gewöhnlicher Menschheit herab und besehen uns noch ein Beispiel der Art, wie Bismarck gegenüber der öffentlichen Meinung oder vielmehr denen, die sie täglich zum Zubrot für den Morgenkaffee und den Abendschoppen machen, die politische Vernunft und das Recht der Thatsachen, die bei diesen Machwerken oft nicht zu Worte kommen, zu vertreten pflegte. Als in der ersten Woche des Februar 1871 in Versailles davon gesprochen wurde, dass unsere deutschen Zeitungen über die Kapitulation von Paris missbilligend die Köpfe schüttelten, indem sie „unverzüglichen Einmarsch der deutschen Truppen, Einzug mit Glanz, wie ihn dieses tapfere Heer als kriegsmässige Genugthuung verdient", gehofft hatten, bemerkte der Kanzler: „Das beruht auf vollständiger Unkenntniss der Lage vor und in Paris. Bei Favre hätte ich's durchsetzen können, aber die Bevölkerung! Sie hatten gewaltige Barrikaden und dreimalhunderttausend Mann, von denen gewiss hunderttausend gekämpft hätten. Es ist aber Blut genug geflossen, deutsches, in diesem Kriege. Hätten wir Gewalt brauchen wollen, so wäre noch viel mehr vergossen worden bei der Erhitzung der Bevölkerung drinnen. Und blos, um ihnen noch eine Demüthigung zuzufügen, das wäre zu theuer erkauft, das wäre unpraktisch, unpolitisch gehandelt."

Als der Abgeordnete Virchow im Dezember 1881 dem Reichskanzler den Vorwurf machen zu dürfen meinte, er sei inkonsequent gewesen, weil er vom Kampfe mit den Klerikalen abgelassen, nachdem er ihn eine Zeit lang mit Eifer geführt habe, erhielt er die Antwort: „Jeder Kampf hat seine Höhe und seine Hitze, aber der Kampf im Innern, zwischen Parteien und der Regierung, kann nicht als eine dauernde und nützliche Institution behandelt werden. Ich muss ja Kämpfe führen, doch nur zu dem Zwecke, Frieden zu erlangen. Diese Kämpfe können sehr heiss werden, und das hängt nicht immer von mir allein ab, aber mein Endziel ist dabei doch immer der Friede. Wenn ich glaube, diesem Frieden in der heutigen Zeit mit mehr Wahrscheinlichkeit nahezukommen, als in der Zeit, wo des Kampfes Hitze entbrannte, so ist es meine Pflicht, dem Frieden meine Aufmerksamkeit zuzuwenden, nicht aber weiter zu fechten, blos um zu fechten gleich einem politischen Raufbold. Kann ich ihn haben, den Frieden, kann ich auch nur einen Waffenstillstand, wie wir deren ja gehabt haben, die Jahrhunderte gedauert haben, durch einen annehmbaren modus vivendi erlangen, so würde ich pflichtwidrig handeln, wenn ich das nicht acceptiren wollte."

Begeben wir uns noch einmal in höhere Sphären, da es dort noch einen Beleg für die hier hervorgehobene

Seite des Charakters Bismarcks zu sehen giebt. Dieselbe verdient besonders gründliche und reichliche Beleuchtung bei einem Staatsmanne, den man mit Vorliebe den eisernen Kanzler nannte, und indem man mit diesem Ausdrucke meist den Kriegsmann unter den Diplomaten, den auf seine Kraft vertrauenden, gebieterischen Geist loben oder tadeln zu müssen glaubte. Nebenbei könnte die Moral der kleinen Geschichte für gewisse Hinneigungen, die bis 1895 am Hofe Wilhelms II. bemerkbar waren, die passende Bezeichnung an die Hand geben. Kurz vor dem letzten russisch-türkischen Kriege richtete — so erzählte mir Lothar Bucher — die Königin Victoria einen Brief an den Chef,*) in dem sie ihn zum Einspruche gegen die Absicht Russlands, die Pforte anzugreifen, bewegen wollte. Die Antwort lautete ausweichend. Ein zweites Handschreiben Ihrer Britischen Majestät begegnete einer weniger verhüllten Weigerung. Die Königin wandte sich jetzt an den Kaiser, um ihn für den ausbrechenden Krieg verantwortlich zu machen, und bat zugleich eine ihm nahestehende hohe Dame, der die ihr angesonnene Rolle eines Friedensengels mit dem Olivenkranze gefallen konnte — da sie schon seit Jahren verewigt ist und der Geschichte angehört, so brauchen wir auch ihren Namen nicht zu verschweigen, es war also die Kaiserin Augusta — zu vermitteln. Die Bitte der Königin wurde ohne Verzug erfüllt, sie entsprach dem eigenen Herzensbedürfniss der um Einmischung Ersuchten. Aber obwohl der alte Kaiser durchaus friedfertig dachte, blieb die Vermittelung, so eifrig sie auch betrieben worden zu sein scheint, ohne Erfolg, da der

---

*) Der übliche Titel des Kanzlers in der Alltags- und Haussprache des Auswärtigen Amtes.

Monarch seinem ersten Rathgeber Recht geben musste, der ihm vorstellte, dass jenes Ansinnen, dem russischen Nachbar Ruhe zu empfehlen und nöthigenfalls zu gebieten, ohne dazu in den deutschen Verhältnissen und Bedürfnissen irgendwie Anlass zu haben, lediglich aus Gefälligkeit gegen England, damit dieses sich nicht allzusehr für seine kommerziellen und politischen Interessen am Bosporus zu sorgen und gesundheitsgefährlich zu erhitzen brauchte, und der ihn ferner überzeugte, dass es leicht zum geraden Gegentheil dessen, was damit bezweckt werden sollte, führen könne, nämlich zum Kriege, und zwar zu einem Kriege gegen Deutschland — dass also dieses Verlangen der Londoner Majestät nicht allein durch unser Interesse nicht unterstützt werde, sondern eine Gefahr für uns in sich berge. In der That, auch Leuten mit nicht sehr weitem Blick, aber mit gesundem Menschenverstande musste das einleuchten. „Gesetzt", so könnte der Kanzler einem solchen gegenüber bei dieser Gelegenheit argumentirt haben, „angenommen der Fall, unser Kaiser liesse sich von London aus bestimmen, sich an der Sache überhaupt diplomatisch zu betheiligen, angenommen ferner, wir setzten uns in Positur und riefen nach Osten hin Basta, Russland aber kehrte sich nicht an das Machtgebot und liesse gegen den Sultan marschiren — was würde geschehen? Entweder müssten wir dann zur Erzwingung des Friedens einen Krieg auf uns nehmen, bei dem wir günstigenfalls Blut und Geld für England opfern würden, oder das deutsche Basta endigte, ohne Nachdruck mit Thaten bleibend, mit einer Demüthigung Deutschlands vor Russland, es wäre ein ohnmächtiges Gebot gewesen, eine Schädigung und Verminderung unseres Ansehens und Einflusses im Dienste einer Macht, die den Deutschen selten oder nie im Ernste

wohlgewollt hat und die ihnen ihre gegenwärtige Bedeutung in Europa nur insofern gönnt, als sie sich vielleicht einmal — auch sehr Unkluges ist möglich und schon gerathen worden; man denke an Josias Bunsen — zur Förderung von Zwecken ihrer heuchlerischen Kaufmannspolitik verwenden und fruktifiziren lassen könnten."
Wie Bismarck den letzten und höchsten Grund seiner Pflicht als leitender Politiker überhaupt auffasste, und wie er in dieser Stellung immer bereit war, den Aufgaben, die sie ihm auferlegte, seine jeweiligen Neigungen und Wünsche unterzuordnen und seine genialen Gaben dienstbar zu machen, wie er, so zu sagen, ethisch fromm war, zeigt recht deutlich ein Vortrag — Lothar Bucher nannte es eine Predigt — den er im Januar 1871 den aus Paris zur Verhandlung nach Versailles gekommenen Franzosen hielt, während sie mit uns bei Tische sassen. Er sagte da ungefähr, konsequent sein werde in der Politik häufig zum Fehler, zu Eigensinn und Selbstwilligkeit. Man verblende und stemme sich damit gegen das Leben, das die Verhältnisse und Bedürfnisse unablässig verändere, womit er doch wohl vorzüglich die göttliche Kraft im Volke, den ethischen Trieb, das in demselben wirkende Unbewusste meinte, das die Schöpfung unserer Welt in der Geschichte in doppeltem Sinne aufhebend, fortsetzt. Man müsse sich, erklärte er weiter, nach den Thatsachen, nach der jeweiligen Lage der Dinge, nach den Möglichkeiten richten, seinem Vaterlande nach den Umständen dienen, nicht nach seinen Meinungen, die oft Vorurtheile wären. Als er zuerst in die Politik eingetreten sei, habe er andere Ansichten und Ziele gehabt als jetzt. Er habe sich's aber überlegt und sich nicht gescheut, seine Wünsche theil-

weise, nach Befinden auch ganz, den Bedürfnissen des Tages zu opfern, um zu nützen. Er schloss darauf mit den Worten: „La patrie veut être servie et pas dominée", was seinen gallischen Gästen und Zuhörern, wohl hauptsächlich durch seine prägnante Form, stark imponirte. Als einer der Herren darauf doch bemerkte, das „servie" liefe freilich auf Unterordnung des genialen Individuums unter die Meinung und den Willen der Majorität hinaus, und die Majoritäten hätten stets wenig Verstand, wenig Sachkenntniss und wenig Charakter besessen, erwiderte der Kanzler sehr schön, indem er das Bewusstsein seiner Verantwortlichkeit vor Gott als einen seiner Leitsterne hervorhob und dem „droit du génie" gegenüber, das der Franzose hochgehalten wissen wollte, das „devoir" als das Vornehmere und in ihm Mächtigere betonte. „La majorité n'est pas la patrie", fügte er hinzu.

V.

Fragen wir uns, was sind die Hauptleistungen dieses genialen und heroischen, dieses weltgeschichtlichen Staatenlenkers, und für was haben wir, sein Volk, was hat die gesammte politische Gegenwart ihm vorzüglich zu danken, so fasst sich das, was uns aus der Erinnerung an die Jahre 1863 bis 1890 vor die Augen tritt, dahin zusammen, dass er uns den deutschen Staat, das neue Reich — man darf mit einem Rückblick auf das vorherige Tohuvabohu getrost sagen, aus nichts — geschaffen und damit die Anfänge eines politischen Lebens entwickelt hat, in dem wir nicht mehr das Volk der Dichter und Denker, nicht mehr blos Lieferanten von Kulturdünger für andere Gebiete, nicht mehr vom Auslande in Verfolgung unserer Zwecke gehemmt, für die seinen ausgenutzt und in unserm Besitze bedroht sind. Er hat diese neue deutsche Welt geschaffen und unter höchst schwierigen Umständen erhalten, geschaffen mit Gehülfen, verdienstlichen Gehülfen, erhalten unter wenig günstigen Aspekten allein durch seine weise und ehrliche Politik gegenüber den Bundesgenossen im Reiche und gleichermassen den massgebenden Kreisen in den grossen Nachbarstaaten, vor allen in dem jenseits der Ostgrenze, dem unter

Umständen gefährlichsten — eine Politik, die allenthalben Vertrauen säete und thatsächlich bis zu den letzten Tagen ihres Wirkens im vollen Masse erntete. Und nicht viel weniger als wir Deutsche haben die übrigen Glieder der europäischen Völkerfamilie dem schaffenden und erhaltenden Genius Bismarcks zu danken, wenn sie, über die Eitelkeiten chauvinistischen Dünkels und Neides hinwegsehend, ihr höchstes und wahrstes Interesse ins Auge fassen: er hat durch jene Schöpfung im Centrum Europas, durch die neue Grossmacht zwischen Russland und Frankreich, den vorzugsweise durch ihre Ansprüche die Ruhe des Welttheils gefährdenden Staaten, zugleich der gesammten Gruppe der übrigen genützt, ja sogar jenen beiden, da Krieg unter allen Umständen ein Uebel ist und die besten Güter Aller durch die deutsche Einheit sicherer vor Störung von aussen gestellt wurden, als sie vorher waren.

Was die Einzelheiten dieser Thätigkeit anlangt, so sind die hervorragendsten Leistungen Bismarcks in geschichtlicher Reihenfolge zunächst vorbereitende, wie die entschlossene Uebernahme des Ministeramts in schwerer Noth und Verlegenheit des Königs, in die ihn die matte und ungeschickte Behandlung der Militärreorganisation durch seine bisherigen altliberalen Räthe gebracht hatte, und die standhafte Vertheidigung der monarchischen Gewalt gegen den Ansturm der demokratischen Mehrheit im Abgeordnetenhause, die, angeblich mit dem Verfassungsrechte bewaffnet, die militärische Einleitung des deutschen Einigungswerkes zu verhindern suchte. Dann, zu demselben Kapitel gehörig, der Abschluss des Kartells gegen den polnischen Aufstand von 1863, durch welches das Wohlwollen Russlands für die nächste Zeit gewonnen wurde, und die Vereitelung des in demselben Jahre

4*

unternommenen Versuchs Oesterreichs, den deutschen Bund durch den Frankfurter Fürstenkongress nach den Wünschen des Wiener Kabinets und der ihm folgenden Kleinstaaten umzugestalten. Darauf sehen wir den Minister den ersten genialen Zug auf dem Schachbrete der europäischen Politik thun und die meisterhaft von ihm gelenkte diplomatische Kampagne in der schleswig-holsteinischen Angelegenheit sich entwickeln, durch welche die Elbherzogthümer von der dänischen Fremdherrschaft befreit und davor bewahrt wurden, nun ein selbständiger Staat Deutschlands und so ein neues Werkzeug des Partikularismus zur Erhaltung unserer damaligen Zerrissenheit zu werden. War ferner die Hinausdrängung Oesterreichs aus dem alten Verbande mit Deutschland ein hohes Verdienst Bismarcks, weil mit diesem kaum halbdeutschen, anspruchsvollen und den deutschen Interessen fernen Zielen zugewandten Staate in engerm Bunde schlechterdings nicht zu leben war, so ist es kaum ein geringeres Verdienst, Oesterreich allmählich versöhnt und zu weiterm Bunde gewonnen zu haben, weil das Bündniss von 1879 eine Doppelmacht begründete, die vielleicht allein schon ein gemeinsames Vorgehen Frankreichs und Russlands gegen die Alliirten unmöglich oder doch unwahrscheinlich zu machen vermochte, und die, durch Italiens Hinzutreten erweitert und ergänzt, einen solchen Angriff von Osten und Westen zugleich zu verhindern im Stande war. Weiter ist in diesem Zusammenhange zu nennen, dass Bismarck den seit 1866 drohenden und auf die Dauer unvermeidlichen Zusammenstoss mit Frankreich erst mit höchster diplomatischer Kunst geraume Zeit verzögerte, dann aber, als dies nicht mehr thunlich und erforderlich war, zu rechter und uns günstiger Stunde erfolgen liess. Unmittelbar nachher, dass er uns in diesem Kriege die Reichslande und mit ihnen eine sichere Reichsgrenze erwarb, und später, nach dem Frankfurter Frieden, als sein wohlwollendes Verhalten gegen die französische Republik, der er im Gegensatze zu Harry v. Arnim den Vorzug vor einer Restauration der Monarchie gab, wesentliche Vortheile für uns herbeiführte: es gewann uns für einige Jahre die Neigung der regierenden Republikaner, es half eine Staatsform befestigen, welche Russland und andere monarchische Grossmächte von einem Bündnisse mit Frankreich abschen liess, und es bewirkte durch Begünstigung der Kolonialpolitik der Opportunisten einerseits, dass die Revanchegelüste vor Erfolgen in Tunis und Misserfolgen in Tonking momentan schwächer wurden, andrerseits, dass das gute Einvernehmen zwischen England und seinem Nachbar am Aermelkanal, der sein Rival am Mittelmeer ist, sich lockerte. Ebenso billig als vorsichtig suchte er auf dem Berliner Kongresse die Interessen aller betheiligten Mächte mit Einschluss Russlands möglichst wahrzunehmen, und wenn man hier von dem Ergebniss nicht befriedigt war, so lag der Grund nicht in der Thätigkeit des Vermittlers, sondern in dem Neide und der Eitelkeit Gortschakoffs, in der Unersättlichkeit und dem unmotivirten Deutschenhasse der Moskowiter und in einer Presse, die diesen Hass zum Ausbruche schürte, ohne zu ahnen, dass sie damit Leuten diente, die der tertius gaudens bei einem deutsch-russischen Kriege zu werden hofften: den stillen Unkrautsäern, die von ihm eine Wiederbelebung des polnischen Leichnams oder eine nihilistische Revolution erwarteten. Endlich ist der Ausbau des Reiches im Innern gegen die Wünsche und Bestrebungen der zersetzenden Parteien, die kühne Wendung von dem bisher bei der ungeheuren Mehrheit der deutschen Wirthschaftpolitiker als unfehlbar und alleinseligmachend angesehenen Freihandelssystem zu gemässigem Schutzzoll, der zugleich der Gesammtheit des neuen deutschen Bundesstaats durch wenig fühlbare indirekte Steuern eigene Einnahmen schaffte, und namentlich die Bekämpfung der Sozialdemokratie nicht nur durch repressive Mittel wie das Sozialistengesetz, sondern auch und mehr noch durch positive Waffen, durch gesetzliche Massregeln grössten Stils, welche die Erfüllung berechtigter Begehren der Arbeiterwelt anbahnten, auf eines der Blätter des Kranzes von Lorbeeren und Oliven zu schreiben, mit dem fortan die Geschichte das Erinnerungsbild Bismarcks schmücken wird.

Bei vielen dieser Leistungen begleitete ihn unzweifelhaft auch das Glück. Wenn das aber von seinem Werth und Verdienst abgerechnet werden soll, so ist darauf zu erwidern: jeder hat Glück; er muss es nur sehen und zu benutzen verstehen. Und bei vielen andern Erfolgen Bismarcks waren ihm die Sterne Anfangs keineswegs günstig, und nur seine Energie und seine Beharrlichkeit setzten es schliesslich durch, dass seinem Genie die Ueberwältigung der Schwierigkeiten gelang, die sich in den Weg stellten. Sein Glück wollte, dass er nicht schon unter Friedrich Wilhelm IV. Minister wurde, der kraft einer mystischen Begabung der Könige, gewissermassen „von Gottes Gnaden," Alles besser wusste als Andere, seine klügsten Rathgeber eingeschlossen, und dem er, einmal vorgeschlagen für die Stelle, nicht dazu passte, weil er „ein rother Reaktionär war und nach Blut roch". Sein Glück stellte ihm, um Anderes zu verschweigen, 1863 in Kopenhagen eine hochmüthige, hartnäckige Demokratie neben das Londoner Protokoll und gab ihm 1866 in Hannover einen doppeltblinden König und in Wien Diplomaten von wenig Blick und Geschick zu Gegnern. Sein Glück begleitete seine diplomatischen

Thaten in Gestalt eines Feldherrn ersten Ranges. Aber kaum minder zahlreich sind die Schwierigkeiten, die er bei Verfolgung seiner Ziele von Anfang an zu überwinden hatte, ohne dass ihm dabei das Glück zu Hülfe kam. Und solche Schwierigkeiten erhoben sich vor ihm nicht allein in heimischen Parteien und fremden Mächten, widerhaarigen Kollegen und ränkevollen Hofkliquen. Nicht blos die zähe Querköpfigkeit und heillose Verblendung der oppositionellen Mehrheit in der Konfliktsperiode, die über ihrem mindestens zweifelhaften Rechte das klare Interesse Preussens übersah, nicht nur Oesterreich und die ihm zugewandten deutschen Kleinstaaten, die sich auch auf ein Recht berufen konnten, als er an die Neubildung der politischen Organisation der Nation ging, nicht einzig die neidische Selbstsucht Englands und die hinterhaltige, doppelzüngige Begehrlichkeit des dritten Napoleon schufen bei jedem weitern Schritte Bismarcks in der deutschen Frage Hindernisse und Gefahren. Eine Hauptschwierigkeit für die meist dringend nöthige rasche Erledigung lag in vielen Fällen wo anders. Nicht immer war der Monarch bei Wagnissen und neuen Wendungen der Politik seines Ministers unverzüglich bereit, darauf einzugehen und ihm Stütze und Rückhalt zu sein, zu wiederholten Malen wurde derselbe nur mit schwerer Anstrengung und nach langem Ringen der Meinungen zu der Ueberzeugung gebracht, dass gewohnter Gedankengang oder Gefühlsrücksichten dem Gebote der Staatsräson Raum zu geben hätten. Ich erinnere hier nur kurz daran, wie lange König Wilhelm vor 1866 und bis in den Juni dieses Entscheidungsjahres hinein seine Bedenken gegen einen Waffengang mit Oesterreich festhielt, und wie schwer 1879 bei seinen starken Sympathien für den Neffen und Freund auf dem russischen Kaiserthrone seine Einwilligung zu dem nothwendig gewordenen Defensivbündnisse mit dem selben Oesterreich zu erlangen war. Bismarck schrieb damals*) an Andrassy mit Bezug auf die von ihm vorgeschlagene Allianz u. A.: „Ich freue mich, aus Ihrem Schreiben zu ersehen, dass unser Herr [der Kaiser Franz Josef ist gemeint] den einen Fuss im Bügel hat, und verzweifle nicht, dass es unsrer gemeinsamen Arbeit gelingen wird, ihn vollständig sattelfest zu machen. Leider liegt es in der Natur der Dinge, dass meine Aufgabe so schnell nicht lösbar ist wie die Ihrige. Der mündliche Vortrag hat nicht nur den Vorzug der Geschwindigkeit, sondern auch der Beschränkung auf die Beantwortung der Fragen, die Allerhöchsten Orts wirklich aufgeworfen werden. In der schriftlichen Darlegung aber muss ich alle die Missverständnisse vorbeugend besprechen, von denen ich befürchten kann, dass sie möglich sind. Ich bin in die Lage gekommen, dass ich meinem Sohne, der mit Ihrer freundlichen Erlaubniss dieses schreibt, genau 60 Bogenseiten dictiren und den Inhalt durch telegraphische und gesonderte Zusätze dennoch ausführlich motiviren zu müssen [musste]. Demungeachtet ist es mir trotz aller Sorgfalt nicht geglückt, das Missverständniss damit vollständig zu verhüten, als ob in unsren friedlichen Plänen ein Hintergedanke aggressiver Handlung stecken müsse. Dieser Gedanke ist einem mehr als achtzigjährigen Herrn ein unsympathischer, aber ich darf hoffen, dass eine Beseitigung möglich sein wird, wenn es mich auch ein ziemlich umfängliches Postscriptum zu jenen 60 Seiten kosten wird. Weniger Feld für meine Thätigkeit bietet mir die im

---

*) In einem bis jetzt unveröffentlichten Privatbriefe, der mir 1888 zu Friedrichsruh in wortgetreuer Abschrift vorlag.

Temperament meines Herrn liegende Abneigung gegen ein rasches Eingehen auf neue Situationen. Für Allerhöchstdenselben ist das jüngste Verhalten des Kaisers Alexander*) die erste, mehr blitzartige Beleuchtung einer Situation, die ich in den letzten Jahren schon öfter mir zu vergegenwärtigen genöthigt war. Es wird Sr. Majestät ausserordentlich schwer, zwischen den beiden Monarchien optiren zu sollen, und deshalb wird Allerhöchstderselbe sich der Ueberzeugung, dass der Moment dazu gekommen sei, möglichst lange verschliessen. Die Gewohnheit hat in unserm Königshause eine gewaltige Kraft, der Trieb zum Beharren wächst mit dem Alter und wehrt sich gegen das Erkennen unbestrittenen Wechsels der Aussenwelt."

Das mitgetheilte Citat genügt wohl für meinen nächsten Zweck, wenn man diplomatisch zwischen den Zeilen zu lesen versteht. Ueber den weitern Gang hier nur die nothwendigsten Andeutungen. Der Briefwechsel zwischen dem Kaiser Wilhelm und dem Kanzler zog sich noch einige Zeit hin. Widerlegte Bedenken stellten sich von neuem ein und verlangten abermalige Beseitigung, andere tauchten auf und mussten ebenfalls als grundlos erwiesen werden. Die Zusammenkunft des Zaren mit seinem Onkel, die in Alexandrowo stattfand, beruhigte und befriedigte den letzteren, obwohl sie in Wahrheit die Lage der Dinge nicht wesentlich geändert hatte, und so kehrte er dem Plane Bismarcks noch weniger geneigt von ihr zurück, als er zu ihr hingegangen war. Ehre und Gewissen sogar schienen ihm jetzt gegen das Bündniss zu sprechen. Bald hatte er diesen, bald jenen Einwand

---

*) Derselbe hatte seinem Berliner Oheim einen Brief geschrieben, in welchem eine Stelle wie eine Drohung aussah.

gegen die Fassung des Vertragsentwurfs, bald diesen, bald jenen Abänderungsvorschlag, bis er endlich widerwillig und schweren Herzens seine Zustimmung und Unterschrift ertheilte. Der Kronprinz und die preussischen Minister hatten in der Sache auf der Seite Bismarcks gestanden. Durch die Annäherung an Oesterreich sah Bismarck sich nicht zu völliger Abkehr von Russland veranlasst. Im Gegentheil, er fand es möglich, ein gutes Verhältniss zu dem grossen Nachbar im Nordosten nicht nur zu erhalten, sondern zu ergänzen und es zu einem zweiten Sicherungsmittel für Deutschland zu vervollkommnen. Schon bald nach dem Scheiden Gortschakoffs aus dem Amte und dem Regierungsantritte Kaiser Alexanders III. war die Harmonie zwischen der deutschen und der russischen Politik wiederhergestellt, und beide Theile waren darüber einverstanden, dass, wenn der eine angegriffen würde, der andere eine wohlwollende Neutralität beobachten solle. Dieses Abkommen beruhte nicht allein auf mündlichen Verhandlungen und Zusagen, sondern war zuletzt auch in einem schriftlichen Vertrage ausgedrückt worden, der, von Ministern im Namen ihrer Monarchen abgeschlossen, 1884 zu Stande kam und bis auf weiteres sechs Jahre lang gelten sollte. Sein Inhalt ging zwar nicht so weit wie der des deutsch-österreichischen Bündnisses von 1879, das ein aktives militärisches Eingreifen des einen Kontrahenten verlangt, falls der andere von Russland angegriffen wird, aber es enthielt doch die Verpflichtung zu wohlwollender Neutralität für jede der betheiligten beiden Mächte, wenn Deutschland von Frankreich oder Russland von Oesterreich der Krieg erklärt würde. Der Vertrag von 1884 gab Deutschland die Möglichkeit, nach der österreichischen wie nach der russischen Seite hin Deckung in Gestalt einer Zwickmühle zu finden, die es ganz nach Bedarf nach der oder jener Seite auf- oder zuziehen konnte, und die ihm überdies völlige Sicherheit vor Frankreich gewährte. Diese für Deutschland höchst günstige Lage der Dinge, die ihm die europäische Suprematie sicherte, änderte sich 1890. In diesem Jahre lief der Assekuranzvertrag von 1884 ab, sollte jedoch auf fernere sechs Jahre erneuert werden, und die Vorbereitungen dazu waren bereits so weit getroffen, dass nur noch die Unterschriften fehlten, als plötzlich die Kanzlerkrisis eintrat und mit ihr die Sache, die wesentlich auf dem Vertrauen des Zaren zu Bismarck beruht hatte, ins Stocken gerieth. Indess erklärte sich Alexander III. nach einiger Zeit bereit, auch mit Caprivi neu abzuschliessen, da selbst eine Macht wie Russland das unabweisbare Bedürfniss haben musste, einen sichern Bundesgenossen sich zur Seite zu sehen, und da für die russische Defensive (also abgesehen vom deutsch-österreichischen Bündnisse) das deutsche Reich entschieden der sicherste zu sein schien. Wenn trotzdem die neue Assekuranz nicht zu Stande kam, so unterblieb es, weil Caprivi (selbstverständlich aus Gehorsam gegen höhern Befehl, dessen Anregung wohl in England zu suchen ist), das russische Anerbieten ablehnte, indem er erklärte, er wolle eine so komplizirte Politik nach zwei Seiten nicht fortsetzen, sondern sich von jetzt ab auf sein Dreibundverhältniss beschränken. Damit war die Erneuerung des Abkommens mit den Russen, von dem beiläufig in Wien und Rom Mittheilung gemacht worden war, zurückgewiesen, und es lief im Sommer 1890 stillschweigend ab. Wenn man sich dazu der gleichzeitig beginnenden auffälligen Begünstigung erinnert, welche den preussischen Polen widerfuhr, und man endlich die ebenfalls in dieser Zeit bemerkbare demonstrative Hinwendung nach England in Anschlag bringt, das nach allen seinen Interessen Russlands gegebener Gegner ist, so kann man nicht im Zweifel sein, dass die Regierung in Petersburg sich fragen musste: was kann der Grund jener Ablehnung und dieser Begünstigung unserer polnischen Feinde, dieser Annäherung an die einzige uns unter allen Umständen entgegenwirkende Grossmacht sein? und wenn sie sich nach der naheliegenden Beantwortung dieser Frage entschloss, sich nach einer andern Anlehnung, einem andern sichern Bundesgenossen umzusehen. Derselbe schien sich in Paris zu finden, wo man sich schon längst von selbst angeboten, aber bisher in den massgebenden Kreisen an der Newa keine entscheidende Anziehungskraft gefunden hatte. So entstanden die Kundgebungen in Kronstadt und ihre Fortsetzung in Toulon und in Paris, so das Einverständniss zwischen dem absolutistischen Zarenthum und der französischen Republik, das sich zu einem Bündnisse verdichten kann, wenn die deutsche Politik, die das Einverständniss, wie gezeigt, hervorrief, nicht einen andern Weg, d. h. den von Bismarck bis 1890 verfolgten und 1896 in den Hamburger „Enthüllungen" indirekt empfohlenen oder doch einen ähnlichen einzuschlagen sich entschliessen könnte.

VI.

Mit dem Citat aus Bismarcks Schreiben an Andrassy waren wir auf einem Gebiete angelangt, das einen eigenen Abschnitt zu fordern scheint, in dem wir, hauptsächlich in Beispielen aus kritischen Tagen und Wochen unsern ersten Reichskanzler gleichsam als Seelsorger, oder wie es der alte Kaiser selbst einmal ausgedrückt hat, als „Seelenarzt" seines Monarchen am Werke sehen werden. Man wolle das folgende Kapitel nehmen, wie es gemeint ist. Es ist keine Bilderstürmerei, und ebenso wenig die neidische Neigung des Demokraten, das Strahlende zu schwärzen, sondern einfach die Erfüllung einer Pflicht im Dienste der Wahrheit, einer Pflicht, die sich um so nachdrücklicher aufdrängt und um so unabweisbarer empfunden wird, wenn man das Glück gehabt und nach Kräften wahrgenommen hat, Blicke hinter den Schleier thun zu können und etwas von dem Innern der Vorgänge zu sehen oder zu hören. Es ist eine Aufgabe, mit deren bereitwilliger und unerschrockener Erledigung man sich bei der Vorsehung für die Kenntniss, die zu sammeln gestattet war, gleichsam zu bedanken hat. Es ist auch nicht das Vergnügen, der Welt etwas ganz Neues und Sensationelles vorzusetzen, wenn hier der

Versuch gemacht wird, über eine hohe und gefeierte Persönlichkeit die Wahrheit, die volle und nichts als sie, zu bieten; denn es giebt unzweifelhaft noch einige andere Eingeweihte und Wissende, denen meine Mittheilungen im Ganzen und Grossen nichts Unerhörtes, keine „Enthüllungen" sein werden, und die in die landläufige Legende nur darum einstimmen, weil sie dazu Gründe zu haben glauben, die für mich keine zwingenden sind oder doch nicht das Gewicht haben wie der Imperativ der Wahrheit und Gerechtigkeit. Und erträgt es denn der Held, den ich im Folgenden zu charakterisiren unternehme, wie er wirklich war, etwa nicht, wenn man ihm einige, allerdings sehr wesentliche Eigenschaften abspricht, die zum höchsten, zum idealen Helden gehören? Schwächt es erheblich die dankbare Verehrung ab, die wir seinem Andenken zollen? Ich habe es mir verneinen müssen. Schwinden vor der Kritik die ihm angedichteten Züge und Verdienste, so bleiben noch genug andere übrig, die ihn in seiner Art gross erscheinen lassen, namentlich wenn wir ihn mit Vorgängern vergleichen oder an Nachfolger denken. Rückt er vom ersten Range in den zweiten, so bleibt immerhin ein ungewöhnlicher Mann auf Thronen übrig; denn er überwand sich selbst.

Doch genug der Entschuldigung, die denen, welche die nachstehende kurze Charakterskizze mit den dazu gegebenen Belegen lesen werden, vielleicht überflüssig erscheinen wird, da ihr Gegenstand sich in einigen dieser Beispiele indirekt, aber deutlich und unverkennbar selbst in die zweite Reihe stellt. Es handelt sich um das Heldenbild des ersten Kaisers in Neudeutschland und sein Verhältniss zu dessen erstem Kanzler, das im vorigen Abschnitt gestreift wurde, und ich stelle nunmehr auf Grund meines Materials die Behauptung auf, dass es der Wirk-

lichkeit nicht ihr Recht widerfahren lässt, wenn man
gewisse, den Gang der Dinge bestimmende Züge, gewisse intellektuelle und moralische Eigenschaften von
der rathgebenden Seite auf die massgebende überträgt
und deshalb zum Exempel von der populären Geschicht-
schreibung, auch der bessern, von der „Gründung des
deutschen Reiches durch Wilhelm I." gesprochen wird.
Es sollte statt des Wortes durch das Wort unter
gewählt worden sein, zumal da fast jede Seite der betreffenden Schrift*) ohne Mühe und Zwang für den Leser,
unzweideutig und unwiderlegbar zeigt, wo die Triebfeder
des Werkes und wer die Hauptperson im Drama war.
Ich weiss, es ist Herkommen, façon de parler, Gebot
der Etikette, und es scheint nicht viel auf sich zu haben.
Aber es schadet, ganz wie ironische Rede von der Menge
missverstanden wird, es lässt das Volk in seinem Urtheil
irre werden. Man sollte sich's daher abgewöhnen und
den Unfug dem Byzantinerthum der Höflinge und ihrem
Schweif in der Tagespresse überlassen, denen eine solche
Ausdrucksweise zweite Natur ist. Es mag als hergebrachte
Phrase meinethalben gelegentlich im Interesse des monarchischen Prinzips erlaubt scheinen, zu berichten, der
König habe die oder jene Schlacht kommandirt und gewonnen, obwohl das in der neuesten Zeit nur unter
Friedrich dem Grossen und Napoleon dem Ersten wirklich vorkam und seitdem nie wieder. Aber oft wiederholt dürfen solche Ungehörigkeiten ohne Gefahr nicht
werden. Und nun gar die Gründung des Reichs durch
den König, wo die Welt wissen müsste, dass der Gedanke, die Wege und die Antriebe von Bismarck aus-
gingen und höchstens die nothwendige Sanktion an

---

*) v. Sybels.

oberster Stelle mitzählt, die bei einzelnen Akten mühevoll genug zu erlangen war. Suum cuique! Und wird einem Prinzipe mit schmeichelnden Phrasen und windigen Fiktionen gedient, ernstlich und auf die Dauer, und nicht vielmehr durch gewissenhafte und unbefangene Darstellung des Sachverhalts, wo der Träger des Prinzips zuletzt auch das ihm als Massgebenden zukommende Theil Anerkennung erhält? Ich habe demzufolge die Züge des verewigten Kaisers, wie sie im Volksglauben leben, an meinem Materiale geprüft, sie, soweit sie zu demselben nicht stimmten, beseitigt, das Ganze auf seine wahren Dimensionen zurückgeführt und geltend zu machen versucht, dass der Held neben seinen unleugbaren Vorzügen auch Mängel und Schwächen hatte, mit denen er, allein vor seine Aufgabe gestellt oder ungeschickt und zaghaft berathen, kein Held geworden wäre. Er leuchtet als Fürst im Glanze seiner Krone am Firmamente der Geschichte, aber als Charakter wie der Mond nicht mit eignem Lichte.

Kaiser Wilhelm war eine vornehme Natur, ein Gentleman von Geburt, wohlwollend, gütig und billig. Er war ein Regent von seltener Gewissenhaftigkeit und Pflichttreue gegen sein Amt und sein Volk, wenn ihm die Pflicht einmal klar war — einer Gewissenhaftigkeit, die ihn noch im hohen Greisenalter zu rastloser Arbeit bewog, die aber bei der Art, wie er sein königliches Amt auffasste, und bei dem nicht sehr bedeutenden Umfange seines Wissens seinen Mitarbeitern bisweilen unbequem wurde und Stockungen des Geschäftsganges verursachte, indem er Alles selbst bestimmen zu müssen glaubte und doch nicht immer sofort das nöthige volle Verständniss dazu bereit hatte. Er war ferner in der alten absolutistischen Zeit geboren und gross geworden,

und er war, als er auf den Thron gelangte, nur Militär
gewesen und dadurch an Befehlen, dem unweigerlich
und bedingungslos zu gehorchen ist, gewöhnt worden.
Er überwand diese Gewohnheit nach Möglichkeit, aber
seine Treue gegen die neue Einrichtung, die sie be-
schränkte, ist ihm wohl niemals Herzenssache geworden,
sondern Sache des Verstandes, Unterwerfung unter ein
nothwendiges Uebel, Fügsamkeit gegen einmal über-
nommene Verpflichtung geblieben. Er stand sodann,
um zu den auswärtigen Angelegenheiten überzugehen,
geraume Zeit unter dem Einflusse von Familientraditionen,
die im Allgemeinen zwar dem deutschen Interesse ent-
sprachen, ihm aber doch nicht immer die rechten Wege
wiesen, und mehr als einmal war die Hofintrigue in
Gestalt hochstehender Damen nicht ohne zeitweilige Erfolge am Werke, dem Kanzler seine Kreise zu stören,
indem sie, bald entmuthigend, bald aneifernd, heute als
warnende, morgen als anklagende Stimme, meist aber
als Friedensengel dem Ohre des Monarchen nahte. Gewiss, es war eine steile Bahn, auf die ihn sein hoher
Beruf, im Innern die alte Welt mit der neuen zu ver-
söhnen, nach aussen die deutsche Frage zu gedeihlichem
Ende zu bringen, hinstellte, und es gehörte ein heroischer
Sinn dazu, um über der Steilheit vor sich und den Ab-
gründen neben sich mehr das Ziel zu sehen und Schritt
vor Schritt in Gedanken zu behalten, und dieser Sinn
findet sich nur bei ausserordentlichen Menschen als Natur-
anlage. Andern muss er von aussen kommen und immer
aufs neue erweckt werden. Zu diesen zählte König Wilhelm. Rascher Blick und kurz entschlossener Geist in
entscheidenden Momenten waren nicht unter seinen Gaben, und so währte es in der Regel lange, bis es bei
ihm zum vollen Erfassen seiner Aufgabe und zu dem

entsprechenden Entschlusse kam. Aber den Mangel glich ihm das Glück aus, das Glück oder die Fügung, die ihm einen Rathgeber mit jenem Blick und jener Entschlossenheit an die Seite stellte, der allmählich sein Alter ego wurde. So in diesen Fragen, so auch in andern, die ihnen folgten. Immer bedurfte es bei zweifelhaften Lagen, bei Scheidewegen, bei grossen Wagnissen des weitern Sehkreises und der stärkern Seele Bismarcks, wenn der Monarch sich schliesslich als Held bewährte und den Sieg behielt. Nicht, dass dem Könige der persönliche Muth gefehlt hätte, der physische Gefahren verachtet; im Gegentheil, er besass ihn reichlich. Aber vor Schwierigkeiten anderer Art, wo ein tüchtig Mass moralischen Muthes von Nöthen war, wenn er davor behütet sein sollte, die Flinte ins Korn zu werfen, wäre er zurückgewichen, wenn ihm nicht in einem Entschlossenern und der Gelegenheit überhaupt Gewachsenern Beistand geworden, wenn ihm nicht durch Hinweis und Antrieb, Zuspruch und Aufrichtung unter die Arme gegriffen und der Rücken gestärkt worden wäre. Nach solchen Stunden der Aufrichtung und Stärkung ging es dann freilich unverzagt auf die Schwierigkeit und Gefahr los und herzhaft weiter; denn nunmehr hatte der physische Muth seine Rolle zu spielen.

Wäre das zu viel behauptet oder zu wenig? — Man höre einige von den Beispielen, die zu Gebote stehen. Mein Tagebuch erzählt — wie immer nach sofort niedergeschriebenen Aufzeichnungen — vom 27. September 1888: „Abends nach Tische sagte der Fürst (in Friedrichsruh, wo ich damals mehrere Wochen mit dem Ordnen seiner wichtigern Papiere beschäftigt war), indem er von seiner Zeitung aufblickte: ‚Ja, von 1840 an haben die Fürsten angefangen, zu degeneriren. Davon will ich Ihnen (er sah mich an) ein Beispiel erzählen oder zwei. Wie der spätere Kaiser Wilhelm noch nicht für seinen Bruder die Regentschaft führte, war eine reaktionäre Intrigue im Gange, der Manteuffel nicht fern stand, und bei der auch ich mitthun sollte. Sie ging darauf hinaus, den kranken König zur Zurücknahme seiner Vollmacht zu bewegen und die Königin Elisabeth durch die Minister regieren zu lassen. Ich aber that nicht mit, sondern reiste zu ihm nach Baden — oder war's ein anderer südlicher Ort — und sagte ihm Alles. Er war jedoch nicht erschrocken über den Plan und sofort bereit, zurückzutreten. Es war ihm ganz gleichgültig. Ich aber stellte ihm vor: Was soll da werden? Es ist doch Ihre Pflicht, auszuhalten. Lassen Sie gleich Manteuffel kommen, und verbieten Sie's ihm. — Der kam denn auch, nachdem er ein Weilchen gezögert und sich entschuldigt hatte, er sei krank, und die Sache unterblieb. — Dann in Babelsberg, als ich berufen wurde, um Minister zu werden. Da hatte er die Abdikationsurkunde schon unterzeichnet in seiner Verzweiflung, und erst als ich mich erbot, auch gegen das Parlament, die Mehrheit des Abgeordnetenhauses, mit ihm auszuhalten, zerriss er das und zugleich eine lange Liste liberaler Zugeständnisse, die er aufgesetzt hatte. Er hatte jetzt Muth und Vertrauen gekriegt und Gefühl für seine königliche Pflicht, die ihm bisher ganz einerlei gewesen war, und die er hernach fest genug hielt, so dass der hochselige Herr mir's mit seinem Pflichtgefühle bis zu seinen letzten Jahren zuweilen schwer gemacht hat, da sein Verständniss der Dinge beschränkt war, und er sich nur langsam in Neues hineinfand.'"

Bei einer Unterredung, die ich am 11. April 1877 mit dem Kanzler hatte, und in der hauptsächlich von der Kaiserin Augusta, der „Bonbonnière" Ihrer Majestät*) und ihrer rührigen Gegenwirkung gegen seine Politik gesprochen wurde, äusserte er, wieder nach meinem Tagebuche, unter anderm: „Der Kaiser wird alt und lässt sich von ihr immer mehr beeinflussen. Er ist niemals der starke Charakter gewesen, den Manche ihm nachrühmen. Ich weiss noch, in der Konfliktszeit, wie es am ärgsten war, da kam er einmal aus dem Bade und der Sommerfrische zurück, wo ihm seine Frau vor der Opposition Angst gemacht hatte. Ich fuhr ihm bis Jüterbog entgegen, Abends, und setzte mich zu ihm in den Wagen. Er war sehr niedergeschlagen, dachte an das Schafott und hatte die Idee, abzudanken. Ich sagte ihm, dass ich nicht glaube, die Dinge ständen so schlimm, die Preussen wären keine Franzosen, und wenn er an Ludwig den Sechzehnten dächte, so sollte er sich doch lieber an Karl den Ersten erinnern, der für seine Ehre und sein Recht gestorben wäre. Wenn man ihn köpfte, so stürbe er auch für seine Ehre und sein Recht. Was mich beträfe, so wollte ich das auch gern leiden, wenn es sein müsste. Da hatte ich ihm an's Portepée gegriffen, zu ihm als König und Offizier gesprochen. Er wurde heiterer, und als wir nach Berlin kamen, war er wieder ganz verständig. Abends bewegte er sich ganz munter in grosser Gesellschaft."

Aehnlich berichtete der Kanzler einige Monate später, den 19. Oktober, in Varzin über denselben Vorfall. Mein

---

*) Die Bonbonnière nannte man eine Gesellschaft von Höflingen und Günstlingen, welche die hohe Dame in den Tagen des Kulturkampfes und der „Reichsglocke" besonders gern um sich sah, und zu welcher der Minister v. Schleinitz, ein erbitterter Gegner Bismarcks, gehörte. Auswärtige Bonbons sollen die Bischöfe Dupanloup und Mermillod gewesen sein.

Tagebuch giebt seine Worte unter demselben Datum wieder wie folgt: „Beim Thee gedachte er wieder der Konfliktszeit und seines damaligen Gesprächs mit dem Könige, das nach dieser Relation aber bald nach der Unterredung in Babelsberg stattgefunden hätte und eine gewisse Wendung aus ihr entlehnte. ‚In der Konfliktszeit', so erzählte er jetzt, ‚dachten sie an allerlei, was sie uns anthun wollten — Schafott, oder wenigstens konnte ich mein Vermögen verlieren. Ich nahm infolge dessen so viel Geld auf meine Güter auf, als nur anging. Man nannte mich damals den preussischen Strafford — Sie erinnern sich, der Minister, der in der englischen Revolution 1641 vom Parlamente zum Beile verurtheilt wurde. Der König hatte auch Angst vor dem Köpfen; die hatten ihm die Weiber eingeredet, unten in Baden. Er wollte abdanken, wenn er keinen kriegen könnte, der mit ihm regieren wollte. (Er wusste ja schon von Babelsberg, dass Bismarck dies wollte und ihn vor keiner Majorität des Abgeordnetenhauses verlassen würde.) Als ich ihm auf der Eisenbahn entgegengefahren war, war er ganz kleinlaut und gedrückt. Zuletzt fragte er mich: ‚Wie, wenn sie uns nun Beide aufs Schafott schicken?' — Ich erwiderte zuerst blos: ‚Und dann?' Darauf aber sagte ich: ‚Sie haben Ludwig den Sechzehnten vor Augen; aber erinnern Sie sich an Karl den Ersten, der ist doch mit Ehren gestorben.' — Das beruhigte ihn sehr; ich hatte an sein Offiziersgewissen gerührt."

1863 fand sich Bismarck schon wieder vor die Aufgabe gestellt, seine Kunst und Wissenschaft als Seelenarzt seines Herrn zu bewähren, indem er in der jetzt brennend gewordenen deutschen Frage ihn vor falscher Wahl bei schwerer Versuchung abhielt und einen Entschluss verhinderte, der seinen verhängnissvollen Charakter an der Stirn trug, und den der König aus Rücksichten des Gefühls gleichwohl zu fassen im Begriffe stand, ja zuletzt schon halb gefasst hatte. Ich meine den Fürstentag jenes Jahres und die dort beabsichtigte Umgestaltung des deutschen Bundes unter persönlicher Betheiligung des Königs Wilhelm an dem Werke, das, wenn es zu Stande gekommen wäre, die natürliche Entwickelung der Dinge nicht nur aufgehalten, sondern geradezu auf den Kopf gestellt haben würde. Rekapituliren wir kurz den Plan und Hergang der über den grössern Ereignissen der nächsten sieben Jahre halb vergessenen Angelegenheit, und lassen wir zum Schlusse Bismarck wieder mit eigenen Worten sprechen.

Bekanntlich ging der österreichische Plan einer Reformirung der Bundesorganisation, unter sehr unverhohlener Anerkennung der Gefahr des bisherigen Verhältnisses empfohlen und selbst Manchem, der als Patriot galt,*) nicht unwillkommen, dahin, dass an die Spitze des künftigen Bundes ein Direktorium von fünf Fürsten treten, dass der Bundestag die laufenden Geschäfte weiter verhandeln, dass aber ausser ihm, als Legislative, aus den Souveränen ein zeitweilig zusammentretendes Oberhaus und daneben ein aus Delegirten der Landtage in den Einzelstaaten gebildetes und mit berathender Befugniss ausgestattetes Unterhaus geschaffen werden sollten. Ein Fürstenkongress sollte über die Annahme dieses Vorschlags, der, genau besehen, weder für Preussen, noch für das eigentliche Deutschland eine Verbesserung, wohl aber bedenkliche Punkte enthielt, Entscheidung treffen.

*) Ich denke dabei vorzüglich an Liberale, denen das damalige Regiment in Preussen nicht gefiel, z. B. den Herzog Ernst von Koburg-Gotha und seine Myrmidonen, Gustav Freytag und ähnliche Hofdemokraten.

In der zweiten Hälfte des Juli reiste König Wilhelm in Begleitung Bismarcks zur Badekur nach Gastein. Hier machte ihm der Kaiser Franz Josef seinen Besuch, um mit ihm unter Vorlegung einer Denkschrift den Plan vorläufig zu besprechen und ihm mitzutheilen, dass der Fürstenkongress zur Beschlussfassung über denselben auf den 16. August einberufen werden solle. Der König wies das Projekt nicht ohne weiteres zurück, sprach aber gewisse Bedenken aus, die er dem inzwischen wieder abgereisten Kaiser brieflich wiederholte, und denen er nach Bismarcks Rath den Vorschlag folgen liess, die Frage vor ihrer Entscheidung durch die Fürsten erst durch Ministerkonferenzen prüfen zu lassen. An demselben Tage lehnte er die ihm mittlerweile zugegangene offizielle Einladung zum 16. August telegraphisch in bestimmten Worten ab. Schon drei Tage darauf aber erfolgte eine neue, welche den Vorschlag enthielt, falls die Badekur das Erscheinen Sr. Majestät in Frankfurt nicht gestatte, wolle er sich durch einen bevollmächtigten Prinzen seines Hauses vertreten lassen. Auch dies wurde, selbstverständlich auf Anrathen des Ministers, von der Hand gewiesen. Auf der Weiterfahrt nach Baden, wo der letztere den Monarchen wieder begleitete, fand ein mehrtägiger Besuch bei der Königin von Baiern, deren Gemahl sich bereits nach Frankfurt begeben hatte, und in Wildbad statt, wo die verwittwete Königin von Preussen Elisabeth verweilte. Diese Zeit und der daran sich schliessende Aufenthalt in Baden waren mit Verhandlungen über das Für und Wider in der Sache, Erscheinen des Königs Wilhelm auf dem Fürstentage oder Wegbleiben, was Scheitern des Projekts der Oesterreicher bedeutet hätte, ausgefüllt. Bismarck empfahl beharrlich Festigkeit und Enthaltung. Die fürstlichen Damen dagegen waren Anfangs allesammt entgegengesetzter Meinung, also für Nachgeben und Mitwirken, die regierende Königin ebenso wie die verwittwete, die baierische, obwohl bekanntlich eine preussische Prinzessin, und die Grossherzogin von Baden, die Tochter des Königs. Von Berlin her arbeitete die dortige österreichische Partei, deren eifrigstes Mitglied der erwähnte frühere preussische Minister des Auswärtigen v. Schleinitz war, rührig für die persönliche Theilnahme des Königs Wilhelm an der Frankfurter Versammlung und an der Abstimmung über den Wiener Plan. Der Monarch war jetzt unentschieden, ob er nicht am Ende doch zu der Versammlung gehen solle, und wenn er sich dem Rathe Bismarcks geneigter fühlte, so drohte ein letzter Versuch, ihn umzustimmen, mit einer Wendung zu anderm Entschlusse. Die Bemühungen, ihn zu gewinnen, kulminirten in der Ankunft des Königs Johann von Sachsen, der in Begleitung seines Ministers v. Beust in Baden erschien, um im Namen der in Frankfurt versammelten Fürsten eine nochmalige Einladung zur Betheiligung an ihrem Werke zu überbringen. Der König Wilhelm schwankte schon auf die Nachricht hin, dass dieser Besuch beabsichtigt sei, und war schwer von der Vorstellung abzubringen, dass er „einem Rufe folgen müsse, den ihm ein gekröntes Haupt gleichsam als Briefträger zu übermitteln im Begriff stehe". Der König von Sachsen, bekanntermassen ein sehr begabter und bei König Wilhelm in hoher Achtung stehender Herr, bemühte sich, als er dann eintraf, unterstüzt von Beust, mit so viel Eifer und so lebhaft begründeten Argumenten ad hominem, Se. Preussische Majestät zur Reise nach Frankfurt zu bewegen, dass ihm dies momentan beinahe gelungen wäre. Als die sächsischen Herren sich wieder entfernt hatten, befand sich König Wilhelm in der höchsten nervösen Erregtheit, und als Bismarck ihm nach langem Zureden einen endgültigen Absagebrief abgerungen hatte, war er selbst „so erschöpft und todtmüde, dass er kaum noch stehen und gehen konnte". Diese Darstellung beruht zum grössern Theile, d. h. in den Vorgängen nach Gastein, auf Mittheilungen, die mir Bismarck im Spätsommer 1883 zu Friedrichsruh machte. Ich ergänze sie aus einem Tagebuchblatte, das am 11. September 1870 bald nach einem Theegespräche über denselben Gegenstand geschrieben wurde, und wobei ebenfalls der Kanzler selbst der Erzähler war. „Ja, es gab damals harte Kämpfe", so schloss er eine Erinnerung an seine sauere Arbeit in der schleswig-holsteinischen Angelegenheit, „zu denen bessere Nerven gehörten, als ich sie hatte. Vor dem Frankfurter Fürstentage, als der König von Sachsen dagewesen war, und unserer nach Frankfurt wollte, war's ähnlich. Ich habe ihn buchstäblich im Schweisse meines Angesichts davon abgebracht, in Baden." Ich fragte nach einigen Zwischenreden, ob der König denn wirklich zu den übrigen Fürsten gewollt habe. „Ganz gewiss", erwiderte er. „Ich habe ihn mit Mühe und Noth an den Rockschössen festgehalten. Er könnte nicht anders, sagte er ungefähr, wo ein König seinetwegen gewissermassen den Postillon gemacht hätte. Die Weiber waren alle dafür, die Königin-Wittwe voran, Augusta u. s. w. Der verwittweten erklärte ich, dass ich nicht Minister bliebe und nicht wieder mit nach Berlin ginge, wenn der König sich überreden liesse. Da sagte sie, das thäte ihr leid, aber wenn das meine ernstliche Absicht wäre, so müsste sie die ihrige ändern, und sie würde dann, allerdings sehr gegen ihre Ueberzeugung, in dieser Richtung auf ihren Schwager wirken.

Es wurde mir aber immer noch sauer genug gemacht. Er lag, als der König von Sachsen und Beust bei ihm gewesen waren, auf dem Sofa und hatte Weinkrämpfe, und ich war, als ich ihm den Brief mit der definitiven Weigerung abgerungen hatte, so schwach und matt, dass ich mich kaum auf den Beinen halten konnte. Als ich das Zimmer verliess, taumelte ich und war nervös so aufgeregt, dass ich beim Zumachen der Thür zum Vorzimmer draussen die Klinke abriss. Der Adjutant vom Dienst fragte mich, ob ich unwohl sei. ‚Nein‘, erwiderte ich, ‚jetzt ist mir wieder wohl.‘ Beusten aber erklärte ich, dass ich beim Kommandanten des preussischen Regiments in Rastatt nöthigenfalls Mannschaft zur Besetzung des Hauses nachsuchen werde, um unsern Herrn vor fernerer Versuchung und ähnlicher Gefährdung seiner Gesundheit zu schützen." Keudell erinnerte daran, dass der Minister auch beabsichtigt habe, den sächsischen Kollegen bei etwaiger Wiederkehr in der Sache verhaften zu lassen. Ihm selbst, Bismarck, war in der That jetzt wieder wohl: er hatte den Sieg behalten per tot discrimina rerum, er hatte seinen König, Preussen und ganz Deutschland vor einem Schritte bewahrt, der unabsehbar traurige Folgen haben musste, der die ganze Zukunft, deren wir uns jetzt als herrlicher Gegenwart erfreuen, vereitelt hätte — vielleicht für alle, sicher für lange Zeit. Der in ihm lebende deutsche Gedanke feierte einen grossen Triumph, der ihm die Bahn frei machte zu weiteren Siegen.

Theilweise in dasselbe Kapitel gehört der Inhalt der oben erwähnten Erinnerung Bismarcks an seine Mühen in der schleswig-holsteinischen Angelegenheit, von denen er am 11. September 1870 unmittelbar vor der Erzählung der Vorgänge in Baden sprach. Mein Tagebuch berichtet darüber zunächst Folgendes:

Zuletzt kam die Rede auf die Politik der letztvergangenen Jahre, und der Kanzler äusserte: ‚Am stolzesten bin ich doch auf unsere Erfolge in der schleswigholsteinischen Sache, aus der man ein diplomatisches Intriguenspiel fürs Theater machen könnte. Oesterreich freilich konnte nach dem, was über sein Verhalten in den Bundestagsakten stand, worauf es doch einige Rücksicht nehmen musste, fürs erste nicht gut mit dem Augustenburger gehen. Dann wollte es aus der Verlegenheit, in die es mit dem Fürstentage gerathen war, mit guter Manier herauskommen. Was ich wollte, habe ich gleich nach dem Tode des Königs in einer Sitzung des Staatsraths gesagt, in einer langen Rede: Die Herzogthümer für Preussen. Die Hauptstelle hatte der Protokollführer weggelassen — er dachte wohl, ich hätte zu stark gefrühstückt, und es würde mir lieb sein, wenn das wegbliebe, ich sorgte indessen, dass es wieder hineingesetzt wurde. Mein Gedankengang war aber schwer durchzuführen. Nicht mehr als Alles war dagegen: die Oesterreicher, die Engländer, die liberalen und die nichtliberalen Kleinstaaten, die Opposition im Landtage, einflussreiche Leute am Hofe, massgebende, die Mehrzahl der Zeitungen. Ja, es gab damals harte Kämpfe, die härtesten mit dem Hofe, auch mit ihm (scilicet, dem Könige) und seiner Unschlüssigkeit."

Man vergleiche damit das vom 19. Oktober 1877 datirte Blatt meines Tagebuchs über ein Gespräch mit dem Kanzler in Varzin. Es heisst da, wie immer in diesen Memoiren, nach unverzüglicher Niederschrift des Gehörten:

„Wir unterhielten uns (beim Diner) vom Ausgange

des Krieges mit Frankreich, und der Chef erzählte: ‚Der König wollte mir, als ich Fürst wurde, Elsass und Lothringen ins Wappen geben. Ich hätte aber lieber Schleswig-Holstein drin gehabt; denn das ist die diplomatische Kampagne, auf die ich am stolzesten bin.' — Holstein fragte: ‚Sie wollten das gleich von Anfang an?' — ‚Ja', erwiderte der Fürst, ‚gewiss, gleich nach dem Tode des Königs von Dänemark. Es war aber schwer. Alles war dabei gegen mich: die Kronprinzlichen, er und sie, von wegen der Verwandtschaft, Serenissimus selbst, zuerst und lange Zeit, Oesterreich, die kleinen deutschen Staaten, die Engländer, die es uns nicht gönnten. Mit Napoleon da ging es, der dachte uns zu verpflichten. Endlich waren bei uns zu Haus die Liberalen dawider, die auf einmal das Fürstenrecht für wichtig hielten. Es war aber nur ihr Hass und Neid gegen mich. Auch die Schleswig-Holsteiner wollten nicht. Die Alle, und was weiss ich noch. Wir hatten damals eine Staatsrathssitzung, wo ich eine der längsten Reden hielt, die ich je abgeschossen habe, und Vieles sagte, was den Zuhörern unerhört und unmöglich vorgekommen sein muss. Ich stellte z. B. dem Könige vor, alle seine Vorgänger hätten dem Staate etwas hinzugefügt, nur sein hochseliger Herr Bruder nicht; ob er's denn auch so halten wolle? Nach ihren erstaunten Mienen zu urtheilen, dachten sie offenbar, ich hätte zu stark gefrühstückt. Costenoble führte das Protokoll, und wie ich mir das hernach ansah, fand ich, dass gerade die Stellen, wo ich am deutlichsten und eindringlichsten geworden war, weggelassen worden waren. Ich machte ihn darauf aufmerksam und beschwerte mich. Ja, sagte er, das wäre richtig, er hätte aber gemeint, dass mir's lieb sein würde, wenn das wegbliebe. Ich erwiderte: ‚Ganz und gar nicht.

Sie dachten wohl, ich hätte einen gepfiffen? Ich bestehe aber darauf, dass es so, wie ich es gesagt habe, hineinkommt.'" — Der Minister bemerkte zwar, als wir von unsern Abenteuern in Frankreich sprachen, dass er nur noch für Dienstsachen ein gutes Gedächtniss habe — „z. B. wenn ich etwas in Depeschen oder sonst in Geschäften gelesen habe", fügte er hinzu — „in andern Dingen bin ich unsicher." Aber es scheint damit nicht so arg zu sein; denn der oben mitgetheilte Bericht entspricht in allen wesentlichen Punkten dem, was er uns am 11. September 1870 über diese Vorgänge erzählt hatte.

Wir kommen nun zum letzten der von mir ausgewählten Beispiele für diese Seite des Charakters Bismarcks, das zugleich auch das interessanteste ist, da es ihn in seinem Verhältniss zu Wilhelm I. als treibendes und stärkendes Element oder, um das frühere Bild wieder aufzunehmen, als Seelenarzt des Monarchen mit besonders hellem Licht beleuchtet. Der Staatsmann, so sagte ich im Obigen ungefähr, vermeidet den Krieg, die gewaltsame Lösung politischer Fragen, so lange als irgend möglich; denn er ist und bleibt unter allen Umständen ein Uebel. Ist jedoch der ultima ratio regum ohne Gefahr und Versäumniss nicht mehr auszuweichen, ist der Krieg um höherer Ziele willen nothwendig geworden, so beschleunigt er seinen Ausbruch, so lange seine Aussichten auf Sieg noch günstiger sind, als sie voraussichtlich in der nächsten Zukunft sein werden. Solche Beschleunigung ist Gebot des Verstandes und der Pflicht, kein Tadel, sondern hoher Ruhm und werth des Dankes patriotischer Herzen. Ein derartiger Fall war eingetreten, als nach 1866 Deutschlands Entwickelung zu voller Einheit begonnen hatte. Der Verdruss der Franzosen über Sadowa

war beispiellos und entfesselte alle ihre Leidenschaften.
Nicht blos ihr Stolz war verletzt, ihr Neid zur Flamme
entfacht, auch ihr Interesse sollte gefährdet, ihre Sicherheit durch den werdenden Staat, die neue Grossmacht
an ihrer Ostgrenze, bedroht sein. Der Eifer gegen
Preussen ergriff alle Kreise, und der Kaiser Napoleon
hatte für seine Krone zu fürchten, wenn er nicht auf
friedlichem Wege oder mit den Waffen in Abtretungen
von Preussen Beruhigung über dessen Zuwachs erlangte
oder wenn er dem Norddeutschen Bunde gestattete, sich
über die Mainlinie auszudehnen. Er versuchte zuerst
den friedlichen Weg und schritt dann durch eine Militärreorganisation und durch Verhandlungen wegen eines
Offensivbündnisses mit Oesterreich und Italien zur Vorbereitung des Krieges, der von jetzt an nur noch eine
Frage der Zeit war, zumal da am Hofe von St. Cloud
auch ultramontane Stimmen für ihn sprachen. Bismarck
wusste dem Allen gegenüber den Frieden zu wahren, so
lange es geboten und thunlich schien, so lange Angesichts
der neuen Aera in Frankreich noch einige Hoffnung
vorhanden war, die Vollendung des deutschen Werkes
ohne Störung von dorther und somit ohne Blutvergiessen
zu bewirken, und so lange man deutscherseits noch nicht
so stark war, um andernfalls des Sieges nach menschlicher Rechnung sicher zu sein. Er beobachtete nach
zwei Richtungen eine dilatorische Politik: er liess die
über die Scheide des Mains zusammenstrebenden Patrioten
von Nord und Süd, obwohl ihnen selbst eine süddeutche
Regierung zuneigte,*) ohne offene Ermuthigung und die
wiederholten Anerbietungen und Ansprüche der französischen Diplomatie ohne bestimmte Antwort, so dass dem

---

Die badische.

Kaiser der Franzosen noch ein Rest von Hoffnung auf Verständigung blieb. Er gab endlich in der Luxemburger Frage den Wünschen Napoleons nach, soweit es ohne grossen Nachtheil geschehen konnte und zum Beweise seiner Friedensliebe erforderlich schien. Geduld und Vorsicht hatten bisher alle seine Schritte bezeichnet. Aber vom Frühjahr 1870 an empfahl sich eine andere Politik. Deutschland war nunmehr zu erfolgreichen Kämpfen hinreichend gefestigt und militärisch vorbereitet, und andererseits hatte sich Bismarck inzwischen fest überzeugt, dass das neue konstitutionelle Regiment in Paris den Angriff auf die Nachbarn im Osten nicht mehr lange verzögern könne. Der Gegner wurde allmählich militärisch stärker, und die von ihm ins Auge gefassten Bündnisse schienen dem Abschlusse nahe. War bisher Hoffnung im Verzuge gewesen, so war jetzt augenscheinlich Gefahr darin, und daraus ergab sich für den deutschen Staatsmann der Zwang, die Politik des Aufhaltens der Entscheidung mit der Politik der Beschleunigung des Unaufhaltsamen zu vertauschen und einen praktikablen Weg zu finden, wo die kampfbegierigen, aber noch nicht völlig kampfbereiten Franzosen so zu fassen waren, dass sie aus der beiderseits von den Regierungen beobachteten Reserve heraustraten, an den Degen schlugen und eine Herausforderung erliessen, ohne dass für das zuschauende Europa eine vorgängige Beleidigung oder sonst ein zwingender Anlass ersichtlich war. Mit andern Worten: es war der Tropfen zu finden, der noch fehlte, um den siedenden Kessel in Paris gerade jetzt zum Ueberlaufen zu bringen oder, um es offen herauszusagen: die Franzosen mussten g e r e i z t werden, und ihre thörichte Furie machte es möglich, es in einer Weise zu thun, dass sie den neutralen Mächten als frivole Friedensstörer erschienen. Der Blick und die

Kunst, eine solche Falle wirksam zu bauen und aufzustellen und den besten Köder für den missgünstigen, dünkelhaften gallischen Hahn zu finden, war auf der Berliner Wilhelmstrasse vorhanden. Die Gelegenheit dazu schaffte unbewusst der spanische Abgeordnete Salazar y Mazaredo in dem Gedanken, den durch Vertreibung der Königin Isabella erledigten Thron mit dem Erbprinzen von Hohenzollern zu besetzen, der sich in mehrfacher Hinsicht empfahl. Er war katholisch wie das spanische Volk, er war ferner als Enkel der Stephanie Beauharnais mit dem Kaiser Napoleon näher verwandt als mit dem Könige Wilhelm, und war endlich ein Schwiegersohn des Königs von Portugal, dem man in St. Cloud die spanische Krone eher gönnte als dem Herzoge von Montpensier, der auch von einer Partei als Kandidat aufgestellt war.

Der Erbprinz Leopold war schon im Herbst 1868 von spanischen Blättern unter den möglichen Kandidaten für den leergewordenen Thron genannt worden. Im Februar 1869 wies Salazar auf ihn als den nächst seinem Schwiegervater, dem König von Portugal, empfehlenswerthesten hin. Schon jene Pressstimmen bewogen die französische Regierung, die sie vermuthlich und vielleicht nicht mit Unrecht als Fühler der Regentschaft betrachtete, durch ihren Botschafter in Berlin, erst beim Staatssekretär v. Thile, dann beim Bundeskanzler selbst, anfragen zu lassen, wie man sich dazu stelle. Benedetti hatte diesem nach mündlichem Auftrage Napoleons, in gelindester Form hinzuzufügen, die französische Nation werde die Kandidatur eines Prinzen von Hohenzollern nicht dulden, und sie müsse deshalb verhindert werden, und in der That hatte die Pariser Presse bereits starken Einspruch „wider die preussische Kandidatur" laut werden lassen. Benedetti entledigte sich seiner Aufgabe mit der Erklärung, seine Regierung nehme an den Vorgängen jenseits der Pyrenäen das stärkste Interesse. Das war eine Drohung, wie vorgeschrieben, in gelindester Form, aber für einen Diplomaten von Personenkenntniss und weitem Blick deutlich; es war jedenfalls eine Beleuchtung, wenn eine solche für Bismarck noch nöthig war. Er wusste jetzt genau, woran er in der Sache war, und richtete sich darnach für die Zukunft. Für jetzt, da noch Vorsicht geboten war, antwortete er auf Benedettis Frage, König Wilhelm würde bei der Unsicherheit der Zustände in Spanien dem Prinzen Leopold, wenn ihm die Krone angeboten werden sollte, wahrscheinlich nicht rathen, sie anzunehmen, und dessen Vater, der Fürst Karl Anton, denke seines Wissens ebenso. Bismarck war aber über die Frage gut unterrichtet. Mittlerweile nämlich hatte man die Krone dem Könige Ferdinand von Portugal, dann dem Herzoge von Aosta, einem Sohn Victor Emanuels, angeboten und sich in beiden Fällen eine Ablehnung geholt, und jetzt hatte die Regentschaft ernstlich an den Erbprinzen Leopold gedacht und Salazar beauftragt, zu ihm zu reisen und ihn wegen eventueller Wahl zum Könige zu sondiren. Salazar suchte zuerst den preussischen Gesandten in München auf, an den er empfohlen war, und hatte dann durch dessen Vermittelung am 17. September im Schlosse Weinburg eine Zusammenkunft mit dem Fürsten Karl Anton, den er dem Plane nicht völlig abgeneigt fand, der jedoch Leopolds Bruder, den Fürsten Karl von Rumänien, anfänglich als geeigneter bezeichnete, welcher sich gerade auch in Weinburg befand. Derselbe wollte indessen nichts von einem Umtausche seines kleinen Thrones an der Dumbowitza gegen den grösseren am Manzanares wissen, vermuthlich weil dieser ihm auch als grösserer Sorgenstuhl vorkam. So war der spanische Agent auf Leopold angewiesen. Aber auch der verrieth wenig Neigung, und der Unterhändler aus Madrid kehrte schliesslich mit dem nicht sehr tröstlichen Bescheid heim, man werde sich erst dann die Frage ernstlich überlegen, wenn gewisse Bedingungen, zu deren Verwirklichung damals kaum viel Aussicht war, z. B. die einstimmige Wahl des Prinzen durch die Cortes, sich erfüllt hätten. Die Sendung Salazars war also vorläufig als ungefähr ergebnisslos anzusehen. Mit dieser Auffassung entschloss man sich in Madrid zu Ende des Jahres 1869, es wieder mit einer neuen Kandidatur zu versuchen: es war diesmal der Herzog Thomas von Genua, ein Neffe des Königs von Italien, um den man warb. Abermals jedoch erfolgte eine Ablehnung, obgleich sich die Lage in Spanien unterdessen erheblich verbessert hatte. Da griff die Regentschaft in ihrer Verlegenheit auf den Hohenzollern zurück, und Salazar begab sich zum zweiten Male nach Deutschland, um ihm offiziell die Krone anzubieten. Da er bei seinem Besuche in Weinburg erfahren hatte, dass die Hohenzollern ihr Jawort von der Zustimmung des Königs Wilhelm als des obersten Hauptes der Familie abhängig machten, so gab ihm der General Prim ein Schreiben an diesen mit, und er ging zuerst nach Berlin, um eine Audienz nachzusuchen. Diese wurde ihm nicht bewilligt. Wohl aber berief der König eine Sitzung des Gesammtministeriums, der auch der Kronprinz und Moltke beiwohnten, und liess den Fürsten Karl Anton und dessen Sohn Leopold nach Berlin kommen. Die Minister, Bismarck und Moltke empfahlen Annahme der Krone im Interesse des Staates, der Kronprinz äusserte Bedenken, der König stellte es schliesslich den Hohenzollern anheim, sich nach ihrem eigenen Gutdünken zu entscheiden.

Prinz Leopold entschied sich gegen die Ansicht und den Wunsch seines Vaters für Ablehnen und theilte dies Salazar, der sich zwei Wochen in Berlin aufgehalten hatte, unverweilt, nachdem er mit sich aufs Reine gekommen, mit. Der Fürst Karl Anton dagegen hatte sich täglich mehr mit dem Projekte befreundet, das seinem Hause Glanz und Grösse verheisse, und bei dem ihn nur noch der Gedanke schreckte, sein Sohn könne als König von Spanien infolge der jüngst dort beschlossenen antiklerikalen Gesetze im Geiste der Toleranz*) mit der Kurie in Konflikt gerathen und vielleicht gar dem Banne verfallen. Im Uebrigen betrübte ihn Leopolds Weigerung aufs schwerste, und so versuchte er den Vortheil der Familie durch dessen Bruder Friedrich retten zu lassen, der an Leopolds Stelle als Kandidat auftreten sollte. Der aber wollte nur im Fall eines ausdrücklichen Befehls des Königs Wilhelm darauf eingehen, und da der ausblieb, wandte er sich nach einigen Wochen Wartens von der ganzen Angelegenheit ab. Die Kandidatur der Hohenzollern wäre in Unentschlossenheit und zaghaften Bedenken erloschen, wenn sich nicht inzwischen Bismarck ihrer angenommen hätte.

König Wilhelm war, als er dem Erbprinzen freie Hand liess, von der Ansicht ausgegangen, dass es sich hier um eine reine Familiensache handle, die dem Namen Hohenzollern Erhöhung seines Ansehens in Aussicht stellte, aber auch Gefahr in sich schliesse und für den preussischen Staat und Deutschland keinen Vortheil biete — eine Meinung, die der Kronprinz theilte. Bismarck aber sah weiter und tiefer. Er erblickte Anfangs vermuthlich

---

*) Unter Isabella waren Protestanten noch auf die Galeeren geschickt worden.

in der Besetzung des spanischen Thrones mit einem deutschen Prinzen, dessen Haus dem preussischen verwandt und zugethan war, die Möglichkeit eines befreundeten Staates im Rücken Frankreichs, der, wenn der Anschluss Süddeutschlands an den geeinigten Norden zur Reife gediehen wäre, indirekt, d. h. insofern nützlich sein könnte, als er die Franzosen bei ihrem dann bestimmt zu erwartenden bewaffneten Einspruche gegen das Einigungswerk nöthigen würde, einen Theil ihrer Streitkräfte gegen den unsichern Nachbar im Südwesten zurückzulassen. An einen eigentlichen Bundesgenossen wurde natürlich niemals gedacht. Dagegen ging neben jener Berechnung seit Benedettis Anfrage ganz unzweifelhaft der andere Gedanke her, dass Napoleon aus der Kandidatur, wenn sie plötzlich bekannt würde, einen Kriegsfall machen könnte, und dieser Gedanke war im Frühjahr 1870 beim Bundeskanzler sogar der nächste und oberste. So erklärt sich sein zähes Festhalten an der Kandidatur, die ihm mit Prinz Leopolds Ablehnung keineswegs aus der Welt geschafft war. Er sandte in der Fastenzeit vor Ostern Lothar Bucher mit dem Auftrage nach Madrid, sich nach den dortigen Zuständen zu erkundigen, und gab ihm einen ermuthigenden Brief an Prim mit. Zu gleicher Zeit wurde in der Person des Majors v. Versen ein preussischer Militär beauftragt, sich dort über die spanische Armee zu informiren, und man veranstaltete Revuen zu dem Zwecke. Daheim wurde Bismarck nicht müde, in den Fürsten Karl Anton zu dringen, dass er seinen Sohn umstimme und ihn zur Annahme des Thrones bewege, die er ihm als patriotische Pflicht darstellte. Der Brief an Prim bewirkte, was er sollte: nachdem der Erbprinz dem General seine Weigerung schriftlich mitgetheilt hatte, antwortete ihm dieser, er gebe seine Hoffnung noch nicht auf und nehme die Ablehnung nicht an, und als Bucher und v. Versen nach mehrwöchentlichem Aufenthalt in Spanien zurückkehrten und günstigen Bericht über den dortigen Stand der Dinge erstatteten, wollte zwar König Wilhelm diese Schilderungen mit der guten Aufnahme der Agenten durch die Regentschaft erklären, aber bei dem Prinzen Leopold bewirkten sie die von Bismarck erstrebte Umkehr von seiner bisherigen Abneigung, und in der letzten Woche des April war er bereit, die Kandidatur anzunehmen. Er sprach sich in diesem Sinne gegen den Kronprinzen aus, der seinen Vater und den Bundeskanzler von der Sinnesänderung in Kenntniss setzte. Der König war, wie früher mit der Ablehnung, so jetzt mit dem Gegentheile einverstanden; er sah in diesem noch nichts von einer „patriotischen Pflicht". Bismarck aber schrieb dem Fürsten Karl Anton, er möge seinen Sohn in dessen jetzigem Entschlusse bestärken, und benachrichtigte zugleich Prim von dem Umschwunge, der sich vollzogen hatte, durch ein zweite Sendung Buchers nach Madrid. Demzufolge wurde Salazar beauftragt, sich von Prinz Leopold persönlich die Zusage zu holen. Der spanische Agent bewog den preussischen, ihn bei der Aufsuchung des Prinzen, der sich jetzt in Reichenhall befinden sollte, zu begleiten. Sie trafen ihn dort nicht an, wohl aber seine Gemahlin, von der sie erfuhren, dass er bei seinem Vater in Sigmaringen sei. Hier erlangten sie am 16. Juni ohne weitere Schwierigkeiten das langersehnte Jawort. Alsdann begaben sie sich nach Ems, wo Bucher sich bei dem inzwischen zur Kur eingetroffenen Könige eine Audienz erbat, um ihm über den Erfolg ihrer Reise Vortrag zu halten. Darauf reiste er zu seinem Chef nach Varzin, um ihm ebenfalls Bericht zu erstatten. Salazar ging am 23. Juni nach Madrid zurück, um das Gelingen seiner diesmaligen Sendung zu melden. Man war übereingekommen, die Sache vorläufig streng geheimzuhalten, und zwar auf Verlangen Bismarcks, dem daran liegen musste, dass man in Paris nicht eher etwas von dem jetzigen Stande der Kandidatur erfuhr, als bis Prinz Leopolds Wahl zum Könige durch die Cortes vollzogen und damit ein fait accompli geschaffen war, nach welchem ein französischer Einspruch den Spaniern als grobe Missachtung ihres Selbstbestimmungsrechtes erschienen wäre und auch bei andern Mächten als arge Anmassung und Beleidigung eines von Frankreich unabhängigen Nachbarvolkes Missfallen und Misstrauen erregt hätte. Deutschland, so hätte man in Berlin sagen können, soll sich nicht die Gestalt geben dürfen, die ihm passt, Spanien nicht den König, den die Volksvertretung will, Beides blos, weil es den Franzosen nicht beliebt. Die Ueberraschung aber, die hiermit den Pariser Machthabern zugedacht war, missglückte; infolge eines Missverständnisses der chiffrirten Depesche, mit welcher Salazar seine baldige Rückkunft angezeigt hatte, fand er die Cortes bei seinem Eintreffen auf drei Monate vertagt. Prim musste sie zur Königswahl erst wieder einberufen, er bestimmte den 17. Juli zur Sitzung, und da es ihm nicht mehr möglich oder nicht mehr nöthig erschien zu schweigen, so theilte er die Kandidatur des Hohenzollerschen Prinzen, und dass er eingewilligt habe, dem französischen Botschafter Mercier mit, und dieser berichtete darüber seiner Regierung. Die Frage, die sich bisher, bald gegen, bald nach Bismarcks Wunsch, sehr langsam entwickelt hatte, kam nun in raschen Fluss, wozu Gramonts Preussenhass, sein geringes Geschick und seine undiplomatische Hitze, welche die immerhin noch mögliche Verständigung vereitelte, sowie die bigotte

Denkart der Kaiserin Eugenie mehr beitrugen als der kränkliche und selten ungestüm vorgehende Kaiser. Gramont gehörte zu dem Glücke, das Bismarcks Arbeit für die Einigung Deutschlands begleitete; dass er dessen Natur erkannt und in seine Rechnung eingestellt hatte, war das Verdienst seines Genies. Er sollte jetzt haben, was er gewollt, als er die Kandidatur des Hohenzollerschen Erbprinzen mit allem Eifer und Nachdruck gefördert hatte. Sein Plan war gelungen — wenn nicht noch in letzter Stunde ein neues Hinderniss die Falle mit dem Köder vom Zuschlagen abhielt, d. h. wenn nicht die unentschlossene Art seines alten Herrn und Gebieters versagte und den günstigsten Moment versäumte.

In Paris wirkte die Nachricht von der Annahme des Primschen Antrags durch Prinz Leopold und der Billigung derselben durch den König ungefähr wie rothes Tuch, das einem schon aus anderm Grunde sehr übellaunigen Stiere vorgehalten wird. Man sah — wie der deutsche Kanzler bei der Natur der Franzosen überhaupt und bei ihrem verblendeten Grolle seit Königgrätz hatte vermuthen können, nicht auf die nahe Verwandtschaft Napoleons und die sehr ferne König Wilhelms mit dem Thronkandidaten, sondern dachte sich einen Hohenzollern mit der Krone Spaniens als eine Wiederkehr Karls des Fünften, oder that wenigstens so. Man hatte jetzt den ersehnten Vorwand vermeintlich in bester Form; denn ganz Europa musste sich mit Frankreich über Preussens Begier nach Machtzuwachs ängstigen. Und es galt, rasch Halt zu gebieten und etwa im Finstern geplanten weitern Bedrohungen des europäischen Gleichgewichts im voraus ein Ende zu machen, zumal da die Gelegenheit günstig schien, indem König Wilhelm noch in Ems verweilte und hier ohne seinen obersten Ratgeber war. Er wurde mit Hast und Hitze förmlich bestürmt, und die Forderungen, die man stellte, steigerten sich ins Unerhörte. Am 9. Juli verlangte man, dass er Europa beruhige, indem er dem Prinzen Leopold gebiete, von seiner Kandidatur zurückzutreten, ein Verlangen, dem eine kaum verhüllte Kriegsdrohung im Gesetzgebenden Körper und eine ganz ausdrückliche dem preussischen Gesandten gegenüber vorausgegangen waren. Der König erwiderte dem Botschafter Benedetti, der mit seiner Bedrängung beauftragt war, er habe den Prinzen nicht ermuthigt, sondern ihm nur nicht untersagt, die Krone anzunehmen; er könne ihn jetzt nicht zur Verzichtleistung nöthigen, man möge sich an die Madrider Regierung wenden und sie bestimmen, von dem Projekte abzustehen. Am 11. wiederholte Benedetti die Forderung seines Kaisers. Am 12. traf in Ems die telegraphische Nachricht ein, der Prinz habe seine frühere Einwilligung zurückgenommen, und damit schien der Streitfall erledigt zu sein. Jetzt aber rückte Gramont mit einer durchaus unerfüllbaren Forderung heraus: er verlangte, der König solle sich beim Kaiser brieflich entschuldigen, und Baron Werther, der preussische Gesandte, unterstützte dieses schmähliche Ansinnen, dem Benedetti am 13. im Auftrage seines Ministers gar die fernere Zumuthung hinzufügte, der König wolle den Verzicht des Erbprinzen ausdrücklich gutheissen und sich überdiess verpflichten, einer Wiederaufnahme der Bewerbung Leopolds um den spanischen Thron niemals seine Zustimmung zu ertheilen.

König Wilhelm hatte bisher in der Angelegenheit viel und weit mehr, als seinem obersten Rathe lieb war, nachgegeben, „um Deutschland die Uebel eines Krieges zu ersparen". Dieser letzten Dreistigkeit aber konnte er sich schlechterdings nicht fügen, und nunmehr mag Bismarck selbst das Weitere berichten. Am 19. Oktober 1877 erzählte er uns in Varzin im Anschlusse an die Erwähnung des Gespräches während der Eisenbahnfahrt von Jüterbog nach Berlin zunächst von den ersten Besprechungen des Königs mit Benedetti, dann über den weitern Verlauf der Angelegenheit Folgendes:

„Da merkte man bald" (ich gebe seine Worte ganz und ohne Zuthat wieder, wie sie fielen) „dass er zu kneifen anfing und ein Olmütz eingesteckt hätte. Ich war damals in Varzin, und als ich auf dem Wege nach Berlin durch Wussow fuhr, stand der Pastor in seiner Thür und grüsste. Ich that einen Schwadronhieb in die Luft, zum Zeichen, dass es jetzt losginge. Aber in Berlin war keine gute Nachricht. Da telegraphirte ich ihm (dem Könige Wilhelm), wenn er Benedetti noch einmal empfinge, so bäte ich um meine Entlassung. Als keine Antwort kam, telegraphirte ich, wenn er jetzt Benedetti empfangen hätte, so betrachtete ich das, als ob er meine Entlassung angenommen hätte. Da kam das zweihundert Zeilen" (er meinte wohl Worte) „lange Telegramm von Abeken. Darauf liess ich mir Moltke und Roon kommen, zu einem Essen zu Dreien, und theilte ihnen mit, wie die Sachen stünden. Roon war ausser sich. So auch Moltke. (Er sah plötzlich ganz alt und gebrechlich aus", hatte der Kanzler bemerkt, als er in Versailles von dem Vorgange gesprochen.) „Ich fragte Moltke, ob wir zu einem solchen Kriege in guter Ordnung wären. Er erwiderte, nach menschlichem Ermessen hätten wir Hoffnung, zu siegen. Da machte ich, ohne ein Wort des Königs zu ändern, aus den zweihundert Zeilen zwanzig und las es ihnen vor. Sie sagten, so würde es sich machen, und nun liess ich es an alle unsere Gesandtschaften gehen — natürlich nicht nach Paris — und es in die Berliner Zeitungen bringen, und so machte es sich wirklich: die Franzosen nahmen es ungeheuer übel."

Bei der Bedeutung dieses Vorfalls für den Zweck unseres Kapitels sei es erlaubt, noch zwei andere Berichte über denselben anzuführen, die ihn ergänzen und das Verdienst Bismarcks deutlicher beleuchten.

In meinem Tagebuch finde ich ein Versailler Tischgespräch vom 19. Dezember 1870, wo es heisst: „Der Geheimrath*) kam dann auf die Vorgänge, die in Ems kurz vor Ausbruch des Krieges stattgefunden hatten, und erzählte, der König habe nach ‚einer gewissen Depesche‘ geäussert: ‚Na, nun wird auch er (Bismarck) mit uns zufrieden sein‘, ‚und ich glaube‘, setzte Abeken hinzu, ‚dass Sie zufrieden waren.‘ — ‚Na‘, erwiderte der Kanzler lächelnd, ‚da dürften Sie sich denn doch täuschen. Das heisst, ja, mit Ihnen sehr. Mit Serenissimus aber gar nicht sehr oder durchaus nicht. Er hätte sich in der Sache viel vornehmer betragen müssen — und fester. Uebrigens, ich besinne mich‘, fuhr er fort, ‚wie ich in Varzin die Nachricht bekam. Ich war gerade ausgefahren, und wie ich zurückkam, fand ich das erste Telegramm. Wie ich dann abreiste, fuhr ich bei unserm Pastor vorbei, in Wussow. Der stand gerade vor seinem Thorwege und grüsste. Ich sagte gar nichts zu ihm und machte es blos so — (Bewegung eines Kreuzhiebes) Einhauen! Er verstand mich, und ich fuhr weiter.‘ Er erzählte dann von den Schwankungen der Sache bis zu einer gewissen Wendung, auf welche die Kriegserklärung gefolgt sei. ‚In Berlin hoffte ich wieder ein Telegramm vorzufinden, Antwort auf meins, aber es war noch nichts

*) Abeken.

da. Inzwischen lud ich mir Moltke und Roon für den Abend zum Essen ein und zu einer Besprechung über den Stand der Dinge, der mir immer mehr Bedenken erweckt hatte. Da wurde das lange neue Telegramm gebracht. Als ich's vorlas — es waren wohl zweihundert Worte — erschraken die Beiden förmlich, und Moltke kriegte plötzlich ein ganz anderes Wesen, ganz alt, matt und gebrechlich. Es sah aus, als wenn Serenissimus immer noch kneifen könnte. Ich fragte ihn, ob Alles so stünde, dass wir auf den Sieg hoffen könnten. Als er's bejahte, sagte ich: ‚Warten Sie mal‘, setzte mich an ein Tischchen, strich es zusammen, die zweihundert Worte zu ungefähr zwanzig, aber ohne sonst was zu ändern oder hinzuzusetzen. Es war Abekens Telegramm, und doch was Anderes, kürzer, bestimmter, zweifelloser. Ich reichte es ihnen hin und fragte: ‚Nun, wie ist's jetzt?‘ — ‚Ja, so wird's gehen‘, sagten sie, und Moltke war auf einmal wieder jung und frisch wie vorher. Er hatte nun seinen Krieg, sein Gewerbe. Und es ging wirklich. Die Franzosen nahmen das abgekürzte Telegramm, als es in den Zeitungen erschien, ganz erschrecklich übel, und nach einigen Tagen erklärten sie uns den Krieg.‘ "

Die andere Ergänzung entnehme ich einem Artikel der Neuen Freien Presse vom 21. November 1892, dessen Inhalt im Wesentlichen vermuthlich die Wahrheit bringt, während die Form, namentlich wo Bismarck von sich selbst erzählt, vom Verfasser mit Zuthaten seines eigenen zeitungsgerechten Stils und Geschmacks versehen worden ist. So sprach der Kanzler im Privatleben nicht; so geschmückt und pathetisch k o n n t e er nicht sprechen. Es ist also Retouche, die den Werth des Ganzen eher vermindert als vermehrt, und die wir uns lieber hinwegdenken wollen. Der Gewährsmann des Blattes ist ein

Berliner Parlamentarier, der den Bericht, den er mittheilt, Bismarck selbst nacherzählen will. Es heisst da: „Der König war in Ems, ich war in Varzin, als in Paris der Spektakel wegen der Kandidatur des Erbprinzen Leopold von Hohenzollern auf den spanischen Thron losbrach. Die Franzosen benahmen sich so kopflos wie möglich. Allen voran die Regierung mit Ollivier an der Spitze, welcher der Situation in keiner Weise gewachsen war und nicht ahnte, was er mit seinen unvorsichtigen Prahlereien im Gesetzgebenden Körper anrichtete. Die Situation lag für uns damals äusserst günstig. Wir waren thatsächlich die Provozirten, und da die Nothwendigkeit einer Auseinandersetzung mit Frankreich uns Allen längst klar war, erschien der jetzige Augenblick zum Losschlagen sehr geeignet. Ich verliess also Varzin, um mich in Berlin mit Moltke und Roon über alle wichtigen Fragen auszusprechen. Unterwegs erhielt ich die telegraphische Mittheilung, Fürst Anton von Hohenzollern hat um des lieben Friedens willen die Kandidatur seines Sohnes Leopold zurückgezogen. Es ist Alles in schönster Ordnung. Ich war von dieser unerwarteten Lösung ganz bestürzt; denn ich fragte mich: wird sich je wieder eine so günstige Gelegenheit darbieten? Als ich in Berlin eintraf, rief ich Roland*) und sagte ihm: Telegraphiren Sie nach Hause, dass ich in drei Tagen zurückkomme. Zugleich reichte ich in einer Depesche nach Ems bei Sr. Majestät meine Entlassung als Ministerpräsident und Bundeskanzler ein. Ich erhielt darauf eine Depesche vom Könige, ich sollte nach Ems kommen. Ich hatte mir die Situation längst klar gemacht und sagte mir:

---

*) Erster expedirender Sekretär im Centralbureau des Auswärtigen Amtes.

wenn ich nach Ems gehe, wird Alles verzettelt, wir kommen im günstigsten Falle zu einem faulen Kompromiss; die allein mögliche, die allein ehrenhafte und grosse Lösung ist dann ausgeschlossen. Ich muss thun, was ich thun kann, um Se. Majestät nach Berlin zu bringen, wo er den Pulsschlag des Volkes deutlicher fühlen wird, als es in Ems möglich ist. In ehrerbietigster Weise motivirte ich mein Nichtkommen: ich sei in Berlin unabkömmlich. Zum Glück thaten inzwischen die übermüthig gewordenen und kurzsichtigen Franzosen Alles, um den Karren wieder zu verfahren. Sie liessen an den König das Ansinnen stellen, einen Brief zu unterzeichnen, der einer tiefen Demüthigung gleichkam. Der König fragte mich telegraphisch um meinen Rath, und ich antwortete mit bestem Gewissen: Die Unterzeichnung ist unmöglich. Ich hatte am Abend des 14. Juli*) Moltke und Roon zu Tische geladen, und wir besprachen alle Eventualitäten. Wir alle theilten die Hoffnung, dass das thörichte Vorgehen Frankreichs, das an unsern König gestellte Ansinnen die Gefahr eines schwächlichen und unrühmlichen Ausganges noch beseitigen werde. Da traf, während wir noch bei Tische sassen, eine Depesche aus Ems ein. Die Depesche begann mit den Worten („ungefähr", wird der Erzähler gesagt haben; denn auswendig gelernt hatte er sie vermuthlich nicht): „Nachdem die Nachrichten von der Entsagung des Erbprinzen von Hohenzollern der kaiserlich französischen Regierung von der königlich spanischen amtlich mitgetheilt worden sind, hat der französische Botschafter in Ems an Se. Majestät die Forderung gestellt, ihn zu autorisiren, dass er nach Paris telegraphire, dass Se. Majestät sich für alle

---

*) Es war der 13., also Tags vorher.

Zukunft verpflichte, niemals wieder seine Zustimmung zu geben, wenn die Hohenzollern auf ihre Kandidatur zurückkommen sollten.' Dann folgte eine längere Auseinandersetzung. Der Sinn war etwa, dass der König sich auf das berufen habe, was er bereits dem Grafen Benedetti mitgetheilt habe. Graf Benedetti habe diese Rückäusserung dankbar entgegen genommen, und er würde sie seiner Regierung übermitteln. Indessen erbat Benedetti noch eine Zusammenkunft mit Sr. Majestät, sei es auch nur, um sich noch einmal mündlich bestätigen zu lassen, was von Sr. Majestät an der Brunnenpromenade geäussert worden war. Dann hiess es weiter: ‚Se. Majestät lehnte jedoch ab, den französischen Botschafter noch einmal zu empfangen, und liess demselben durch den Adjutanten vom Dienste sagen, Se. Majestät habe dem Botschafter nichts weiter mitzutheilen.' Als ich die Depesche verlesen hatte, liessen Roon und Moltke gleichzeitig Messer und Gabel auf den Teller fallen und rückten vom Tische ab. Es entstand eine lange Pause. Wir Alle waren tief niedergeschlagen. Wir hatten die Empfindung: die Sache verläuft im Sande. Da stellte ich an Moltke die Frage: ‚Ist das Instrument, das wir im Kriege brauchen, ist unser Heer wirklich so tüchtig, dass wir mit grösster Wahrscheinlichkeit auf einen guten Erfolg den Krieg aufnehmen können?' Moltke war felsenfest in seinem Vertrauen. ‚Wir haben nie ein besseres Werkzeug gehabt als in diesem Augenblicke', sagte er. Roon, zu dem ich freilich weniger Vertrauen hatte, bestätigte Moltkes Worte vollkommen. ‚Nun, dann essen Sie ruhig weiter', sagte ich zu den Beiden. Ich setzte mich an einen kleinen runden Marmortisch, der neben dem Speisetische stand, las die Depesche aufmerksam durch, nahm meinen Bleistift und strich die ganzen

Zwischensätze über Benedettis Bitte um eine nochmalige Audienz und so weiter fort. Ich liess eben nur Kopf und Schwanz stehen. Nun sah die Depesche allerdings etwas anders aus. Ich las sie in dieser neuen Fassung Moltke und Roon vor. Beide riefen: ‚Herrlich, das muss wirken!' Wir assen mit bestem Appetit. Ich gab sogleich die Weisung, die Depesche durch das Telegraphenbureau an alle Zeitungen und alle Missionen auf dem schnellsten Wege zu versenden. Und wir waren noch zusammen, als wir schon von der Wirkung, welche die Depesche in Paris gemacht hatte, die erwünschte Nachricht erhielten. Sie hatte wie eine Bombe eingeschlagen.'"

Ein Kommentar zu dieser Entwickelung von dem Briefe an, den Bucher in den Osterfasten in Madrid abgab, bis zu dem durch Bismarck verkürzten Emser Telegramm Abekens erscheint nicht erforderlich. Der Eindruck, den der Hergang macht, wird auch nicht oder kaum erheblich verändert, wenn wir die Abekensche Depesche mit dem Bismarckschen Auszuge daraus zusammenhalten, selbst wenn die am 23. November 1892 vom Grafen Caprivi dem Reichstage vorgelesene Abschrift nicht blos, wie er sagte, „ächt", sondern auch vollständig gewesen sein sollte. Nach ihm hätte das Telegramm Abekens folgendermassen gelautet:

„Se. Majestät der König schreibt mir: Graf Benedetti habe auf der Promenade auf zuletzt sehr zudringliche Weise verlangt, er solle ihn autorisiren, sofort zu telegraphiren, dass er in Zukunft niemals seine Zustimmung geben werde, wenn die Hohenzollern auf ihre Kandidatur zurückkommen. Se. Majestät habe zuletzt etwas ernst erwidert, dass er diese Zusage nicht geben könne und dürfe. Er habe übrigens noch nichts über die Verzichtleistung erhalten. Nachdem Se. Majestät darüber ein Schreiben des Fürsten von Hohenzollern empfangen, hat Se. Majestät auf des Grafen Eulenburg und meinen Vortrag beschlossen, den Grafen Benedetti nicht mehr zu empfangen, sondern ihm sagen zu lassen, dass er jetzt den Bericht erhalten und dem Botschafter nichts mehr zu sagen habe. Se. Majestät stellt an Ew. Excellenz das Ersuchen, die neue Forderung Benedettis und ihre Zurückweisung sogleich sowohl unsern Gesandtschaften als der Presse mitzutheilen."

Sybel giebt den Wortlaut der Depesche etwas anders an. Abeken telegraphirt da dem Bundeskanzler: „Se. Majestät schreibt mir: Graf Benedetti fing mich auf der Promenade ab, um auf zuletzt sehr zudringliche Art von mir zu verlangen, ich sollte ihn autorisiren, sofort zu telegraphiren, dass ich für alle Zukunft mich verpflichtete, niemals wieder meine Zustimmung zu geben, wenn die Hohenzollern auf ihre Kandidatur zurückkämen. Ich wies ihn zuletzt etwas ernst zurück, da man à tout jamais dergleichen Engagements nicht nehmen dürfe noch könne. Natürlich sagte ich ihm, dass ich noch nichts erhalten hätte, und da er über Paris und Madrid früher benachrichtigt sei als ich, er wohl einsehe, dass mein Gouvernement wiederum ausser Spiel sei. Se. Majestät hat seitdem ein Schreiben des Fürsten (Anton) bekommen. Da Se. Majestät dem Grafen Benedetti gesagt, dass er Nachricht vom Fürsten erwarte, hat Allerhöchstderselbe, mit Rücksicht auf die obige Zumuthung, auf des Grafen Eulenburg und meinen Vortrag, beschlossen, den Grafen Benedetti nicht mehr zu empfangen, sondern ihm durch einen Adjutanten sagen zu lassen, dass Se. Majestät jetzt vom Fürsten die Bestätigung der Nachricht erhalten, die Benedetti aus Paris schon gehabt, und dem Botschafter nichts weiter zu sagen habe. Se. Majestät stellt Ew. Excellenz anheim, ob nicht die neue Forderung Benedettis und unsere Zurückweisung sogleich sowohl unsern Gesandtschaften als in der Presse mitgetheilt werden soll." Der König hatte sich also nach einem so unverschämten Ansinnen überhaupt noch auf ein Gespräch mit Benedetti eingelassen,*) seine Regierung zu entschuldigen versucht und sich wahrscheinlich Raths erholt, ob er den Franzosen weiter empfangen sollte! Er befahl nicht die Veröffentlichung der Depesche, sondern stellte sie nur anheim.

Aus Sybels oder Caprivis Text entstand unter dem streichenden Bleistifte des Kanzlers das Nachstehende: Telegramm aus Ems. 13. Juli 1870. Nachdem die Nachrichten von der Entsagung des Erbprinzen von Hohenzollern der kaiserlich französischen Regierung von der königlich spanischen mitgetheilt worden sind, hat der französische Botschafter in Ems an Se. Majestät den König noch die Forderung gestellt, ihn zu autorisiren, dass er nach Paris telegraphire, dass Se. Majestät sich für alle Zukunft verpflichte, niemals wieder seine Zustimmung zu geben, wenn die Hohenzollern auf ihre Kandidatur zurückkommen sollten. Se. Majestät hat es darauf abgelehnt, den französischen Botschafter nochmals zu empfangen, und demselben durch den Adjutanten vom Dienst sagen lassen, dass Se. Majestät dem Botschafter nichts weiter mitzutheilen habe." Bismarck ist und bleibt also der Seelenarzt Kaiser Wilhelms, der Mann, der ihn ergänzte, ermuthigte und stützte, auch in diesem Falle. Ohne ihn wäre der Krieg, dem das

---

*) Er hatte die Unterredung auf der Promenade nach Benedettis spätern Bericht selbst eröffnet.

deutsche Reich entspross, nicht zu rechter Zeit ausgebrochen, und wir hätten noch die Mainlinie und wahrscheinlich neben dem Nordbunde einen neuen Rheinbund. Jener Seelenarzt ist Bismarck hierbei mit besonderer Intelligenz und Energie gewesen; aber er ist es bei jeder Gelegenheit gewesen, wo es einen grossen Entschluss zu fassen, eine schwere Wahl zu treffen, einen kühnen Griff zu wagen galt. Es gehört zu den liebenswerthesten und vornehmsten Zügen des verewigten Kaisers, dass er dieses Verhältniss neidlos erkannt und mehr als einmal in schriftlichen Aeusserungen gegen seinen Kanzler unbefangen und unzweideutig anerkannt hat. In dem Briefe, mit dem er ihm am 26. Juli 1872 zu seiner silbernen Hochzeit gratulirte, schrieb er ihm, „er lasse Dankgebete zum Himmel steigen, dass Gott ihm in entscheidender Stunde ihn an die Seite gestellt und damit seiner Regierung eine Laufbahn eröffnet habe, die weit über Denken und Verstehen gehe". Die Porzellanvase, welche das Schreiben als Geschenk begleitete, sei „zwar von zerbrechlichem Material, solle aber in jeder Scherbe dereinst aussprechen, was Preussen ihm (dem Empfänger) durch die Erhebung auf die Höhe, auf welcher es jetzt stehe, verdanke". — Als Kaiser Wilhelm zur Enthüllung des Denkmals auf dem Niederwald abreisen wollte, forderte er den Kanzler brieflich auf, der Feier ebenfalls beizuwohnen, da er „fühle, dass das einzuweihende Denkmal nicht sowohl ihm als dem Kanzler gelte". Das Original dieses kaiserlichen Handschreibens befand sich viele Jahre unter den Papieren des Fürsten, ist aber seit einiger Zeit verschwunden.*) Dagegen ist

---

*) Bewer, Bismarck im Reichstage S. 7. Der Verfasser dieser Flugschrift konnte die Notiz vom Fürsten selbst haben.

folgendes Originalschreiben des Kaisers, das Aehnliches
ausspricht, in Friedrichsruh noch vorhanden:

Baden-Baden, 4. 10. 83.

Ihren so lieben Brief, in welchem Sie mir leider,
wenn auch nicht unerwartet, Ihr Ausbleiben von der
Festlichkeit der Enthüllung des Denkmals auf dem
Nieder-Wald anzeigten, konnte mich wirklich nur
schmerzlich berühren, noch mehr aber ist dies der
Fall nach dem Gelingen dieser Feier. Dieselbe ist
eine der gelungensten, die ich je erlebt, durch An-
ordnung, Durchführung, Grandiosität des Denkmals
an sich, der unerwarteten Aufklärung des Wetters
und vor Allem durch die Gefühle, die namentlich diejenigen durchdrangen, die thätigen Antheil an den
Kämpfen und Erfolgen nahmen, denen das Gebilde
geweihet ist! Zu diesen gehören nun hauptsächlich
Sie als Herbeiführer dieser mächtigen Ereignisse und
Leiter derselben zum grandiosen Frieden. Ihnen hier-
für öffentlich von Neuem meinen Dank und meine
Anerkennung auszusprechen, wäre meinem Herzen ein
dankbares Bedürfniss gewesen. Es sollte nicht sein,
aber gedacht ist Ihrer vielfach worden."

Wie Bismarck solche Briefe unbegrenzter Hoch-
schätzung und Dankbarkeit erwiderte und wie er überhaupt seine Stellung zu dem Monarchen auffasste, wenn
er mit ihm selbst verkehrte, zeigt eine Reihe mir vor-
liegender Schreiben, mit denen er derartige Briefe seines
„Kaiserlichen Herrn" beantwortete, und von denen ein
besonders charakteristisches diesen Abschnitt beschliessen
möge. Es lautet, wie folgt:

7*

Friedrichsruh, 25. Dezember 1883.

Eurer Majestät danke ich in Ehrfurcht und von Herzen für das huldvolle Weihnachtsgeschenk und insbesondere für die gnädigen Worte, welche dasselbe begleiteten. Sie geben mir die volle Befriedigung, welche ich auf dem Niederwald empfunden haben würde, wenn ich dem Feste hätte beiwohnen können. Eurer Majestät Zufriedenheit mit mir hat für mich höheren Werth als der Beifall aller Andern. Ich danke Gott, dass er mein Herz so gestimmt hat, denn Eurer Majestät Zufriedenheit habe ich erwerben können, den Beifall der Andern aber selten und vorübergehend. Ich danke aber auch Eurer Majestät für die Unwandelbarkeit, mit welcher Allerhöchstdieselben mir in dem Zeitraum von mehr als 20 Jahren, unbeirrt durch die Angriffe meiner Gegner und durch meine eigenen mir wohlbekannten Fehler, in den schwierigsten und in den ruhigsten Zeiten stets Ihr Vertrauen bewahrt haben und mir ein huldreicher Herr geblieben sind. Weiter bedarf ich auf dieser Welt, neben Frieden mit dem eigenen Gewissen vor Gott, nichts mehr. Gottes Segen ist mit Eurer Majestät Regiment gewesen und hat Eurer Majestät vor andern Monarchen, welche Grosses ausgeführt haben, den Vorzug verliehen, dass Allerhöchstdero Diener mit Dankbarkeit gegen Euere Majestät auf ihre Dienstleistungen zurückblicken. Die Treue des Herrschers erzeugt und erhält die Treue seiner Diener.*) — — —

---

*) Auf diesen Satz machte mich der Fürst am 20. März 1890 im Hinblick auf die damaligen Umstände besonders aufmerksam.

Der Rest des Briefes, noch fünf oder sechs Zeilen, enthält nur für unsern Zweck Gleichgültiges, Familiensachen, Stand der Gesundheit des Kanzlers und dergleichen mehr.*)

*) Eine Anzahl anderer lehrreicher Briefe dieser Art sollen meine demnächst erscheinenden „Denkwürdigkeiten aus meinem Verkehr mit Bismarck und seinen Leuten. Ein Tagebuch der Jahre 1870 bis 1893" bringen.

VII.

Ein Rückblick auf die betrachtete Wirksamkeit und vorzüglich auf den vorigen Abschnitt erinnert lebhaft an einen Ausspruch Jesus Sirachs im 10. Kapitel seines Buches, wo es u. A. heisst: „Es stehet in Gottes Händen, ob es einem Regenten gerathe; derselbe giebt ihm einen löblichen Kanzler. — Einem weisen Knechte muss der Herr dienen, und ein vernünftiger Herr murrt nicht darum." Kaiser Wilhelm, in dem sich diese Worte des alten jüdischen Weisen verwirklichten, starb, und sein Nachfolger hätte auch bei einem längern Leben, als ihm beschieden war, vermuthlich trotz der Meinungsverschiedenheit, die ihn als Kronprinzen geraume Zeit vom Kanzler trennte, den Rath seines grossherzoglichen Freundes aus Karlsruhe befolgt, der ihm kurz nach seinem Regierungsantritte die Ueberzeugung aussprach: „Ohne Bismarck kannst Du nicht regieren." — Das wurde anders unter dem Regimente mit den Machtsprüchen: „Voluntas regis suprema lex esto" und „sic volo, sic jubeo, stat pro ratione voluntas". Das kräftig ausgebildete Selbstgefühl, das sich hierin äusserte, bedurfte keines Seelenarztes und ertrug auf die Dauer keinen Mentor und Censor, der vielmehr bald als unbequem, als Last, als Hemmniss für genialen Flügelschlag empfunden wurde. Es duldete neben sich nur die Subordination des Militärs, welche Befehle unbesehen und anstandslos vollzieht uud vertritt. Der Kanzler war zu dieser Rolle nicht zu haben. Er vermochte sie auch nicht zu heucheln. Er durfte — mit gütigem Wohlnehmen der Hofdienerschaft sei es gesagt — doch am Ende auch einiges Selbstgefühl haben, und er glaubte sich vor der Geschichte verantwortlich. Aus der Meinungsverschiedenheit in der einen und der andern Frage wurde allmählich eine Entfremdung, die sich rasch zur Verbitterung steigerte und, wie nunmehr zu erwarten, mit einem Bruche endigte.

Ich bestrebe mich einer ruhigen Objektivität, ich begebe mich des Urtheils. Ich sitze gleichsam in der Loge und sehe dem Drama zu, das sich nothwendig zur Tragödie gestalten muss. Ich verbeisse den Ausdruck von Gefühlen; denn ich bemerke neben sehr Verständlichem auch Unbegreifliches. Ein sehr starkes Selbstgefühl z. B. lässt sich, sollte man meinen, nicht wohl mit einem gleich starken Bedürfniss gepaart denken, zu gewinnen, sich der öffentlichen Meinung angenehm zu machen, sich den Beifall der Parteien zu erwerben. Wenigstens wusste das Selbstgefühl der alten Fürsten schlechterdings nichts von diesem Bedürfnisse; sie beruhten auf sich selbst und brauchten nichts mehr. Hier aber scheinen beide Gefühle neben einander vorhanden zu sein: das olympische, wie wir's nennen wollen, das keine Anerkennung bedarf und sucht, und das, welches sie nöthig findet, herbeiwünscht und durch Entgegenkommen gegen Andere erstrebt. Ein Problem, das vielleicht die Mühe seiner Lösung lohnen würde, aber auch zu bedenklichen Schlüssen führen könnte — selbstverständlich nur die Leser, die illoyalen Vermuthungen Raum zu geben geneigt sind. Philosophiren wir also nicht weiter, rekapituliren wir lieber, soweit es unsere Kenntniss der Hergänge hinter den Coulissen und andererseits gewisse Gesetzesparagraphen erlauben. Der Kaiser Wilhelm II. fasste zunächst die Arbeitersache anders auf und an, als sein oberster Rath nach seiner Erfahrung und Rechnung empfehlen durfte. Man wollte die Sozialdemokraten gewinnen und entfremdete sich mit dem von vornherein zum Misslingen verurtheilten Versuche weite Kreise der höhern Bourgeoisie. Dazu kamen die statt der Wiederanstellung Puttkamers unerwartet erfolgende Wahl Herrfurths zum Minister des Innern und ihr Grund, die von diesem befürwortete liberale Landgemeindeordnung, die nicht nach Bismarcks Sinne war, weil sie gegen Interesse und Befugniss der grössern und mittlern Besitzer auf dem Lande, der „Bauern", dem „kleinen Manne" zu viel Einfluss einräumte, die aber dem jungen Monarchen bei den Liberalen und den untern Klassen der ländlichen Bevölkerung Popularität zu verheissen schien. Daran schloss sich endlich der kaiserliche Befehl, der Bismarck aufforderte, die Kabinetsordre vom 8. September 1852, welche allein dem Ministerpräsidenten ermöglichte, dasjenige Mass von Verantwortlichkeit zu übernehmen, das ihm von der Volksvertretung und den Zeitungen angesonnen wurde, ausser Kraft zu setzen und sich so in seinem Ansehen und seiner amtlichen Wirksamkeit selbst zu schwächen und zu hindern.

Ueber den Fall Herrfurth wird später an anderer Stelle eingehender zu sprechen sein. Hier soll nur etwas Genaueres über den Gang des Konfliktes in der Arbeitersache und über den Besuch Windthorsts beim Kanzler mitgetheilt werden, der nachträglich unter den Ursachen der Entwickelung zur Katastrophe erwähnt werden muss. Die kaiserlichen Erlasse vom 4. Januar 1890, betreffend die Verbesserung der Lage der deutschen Arbeiter (Anregung einer Arbeiterschutzgesetzgebung) gingen dem Kanzler zu weit. Die Grenze, bis zu welcher der Staat den Forderungen der Sozialdemokratie entgegenkommen konnte, ohne selbst in revolutionäres Fahrwasser zu gerathen, war in der Botschaft vom 17. November 1881 gezogen, welche Bismarcks soziale Reform einleitete. Mit der Sicherstellung der Arbeiter gegen die Gefahren, mit denen Krankheiten, Unfälle, Invalidität und Alter sie bedrohten, war das in der Sache Mögliche verwirklicht. Als Mann der Thatsachen, der die Dinge nimmt, wie sie liegen, nicht, wie sie nach einer Theorie sein sollten, als praktischer Politiker war Bismarck für das Verlangen nach Einschränkung der Arbeitszeit (auf Werkeltage oder auf eine gewisse Stundenzahl) und Arbeitsgelegenheit (für Frauen und Kinder) nicht zu haben; denn der Abkürzung der Leistung entsprach natürlich mit Nothwendigkeit eine Verminderung des Lohnes. Ehe dieses Axiom nicht widerlegt war, schuf die Ideologie, von der jene Anträge ausgegangen waren, für die Arbeiter ein Hemmniss freien Entschlusses, für die Arbeitgeber Kürzung des Verdienstes bis zur Unfähigkeit, mit dem Auslande zu konkurriren — ein Schaden, der auch den Staat traf und schwächte. Diese in langjähriger Beschäftigung mit der sozialen Frage gewonnenen und bewährten Ueberzeugungen, die der Kanzler schon 1885 vor dem Reichstage ausgesprochen und geltend gemacht hatte, waren für ihn noch durchaus massgebend, als er gegen Ende Januar 1890 nach längerer Abwesenheit in Friedrichsruh nach Berlin zurückkehrte und hier mit dem Plane zu den kaiserlichen Erlassen „überrascht wurde". Er hatte bis dahin beabsichtigt, den Kampf mit der Sozialdemokratie, deren Führer, von der Unzufriedenheit der Masse lebend, alle auf Besserung des Looses der Arbeiter abzielenden staatlichen Massregeln als geringe Abzahlungen auf ihren natürlichen Anspruch behandelten, aufzunehmen und sich keinenfalls über weitere Zugeständnisse in Unterhandlungen einzulassen. Im Hinblick hierauf hatte er dem Reichstage eine Vorlage zur Erneuerung des mit Ende des September erlöschenden Sozialistengesetzes gemacht, wobei er beim Kaiser und einigen Ministern anderer Meinung begegnet war. Ihm war die sozialdemokratische Bewegung keine Frage des Rechtes, sondern eine Frage der Macht, d. h. die Frage, ob es ihr gelingen würde, zu einer staatsgefährlichen Macht zu werden, und musste so behandelt und entschieden werden, wenn Staat und Gesellschaft mit Erfolg geschützt sein sollten; und deshalb war ihm unverständlich, dass man die Frage, ob das Sozialistengesetz erlöschen oder wieder aufleben solle, vom juristischen statt vom politischen Standpunkte gelöst sehen wollte. Der Versuch, den Monarchen für seine Ueberzeugung zu gewinnen, schlug fehl, und so blieb Bismarck den Verhandlungen des Reichstags über das Sozialistengesetz fern, „um nicht Anschauungen Ausdruck geben zu müssen, die denen einer massgebenden Zukunft widersprachen". Der Kronrath vom 24. Januar, in welchem die Entwürfe zu den Erlassen vorgelesen wurden, zeigte dem Kanzler, dass die Meinungsverschiedenheit, die sich zwischen ihm und dem Monarchen gebildet hatte, nicht mehr ausgleichbar war; und um nicht verantwortlich zu werden für Schritte, die zu schwerem Schaden führen konnten, versagte er seine

Zustimmung und Unterschrift und unterzog sich auf Wunsch des Kaisers nur noch der Ausarbeitung der Erlasse, die dabei vielfach abgeschwächt wurden, und denen der Kanzler die Befragung des Staatsrathes und die Berufung einer internationalen Konferenz hinzufügte, indem er hoffte, es würden sich in diesen Körperschaften Sachkenner hören lassen, die zu weit gehende Absichten der Vorlage für unausführbar erklärten. Mit diesem Widerstreite der Ansichten und Ziele hing auch zusammen, dass Bismarck um Entlassung als Handelsminister bat, und lediglich der Gedanke an die nahen Neuwahlen zum Reichstage hielt ihn ab, sich auch von seinen übrigen Posten zurückzuziehen; es hätte ungünstig auf diese Wahlen gewirkt, „weil er sein Vermögen an Erfahrung und Vertrauen Niemandem hätte übertragen können". Die Wahlen bestätigten die Erwartungen am Hofe, die Erlasse würden sie günstig beeinflussen, nicht, wohl aber die gegentheilige Voraussage des Kanzlers. Die Sozialisten zogen mit der allerdings nur halbwahren Parole: Der Kaiser macht sich unser Programm zu eigen, und unsre Forderungen sollen unter dem Einflusse des Reiches Gesetz und Recht werden, an die Stimmurne und sahen sich dort durch viele glaubensverwandte, aber bisher unschlüssig gewesene Elemente verstärkt. Die staatstreuen Parteien fühlten sich verstimmt und entmuthigt. Das Ergebniss war ein erhebliches Anwachsen der Opposition und der Rückgang der Konservativen und der Gemässigt-Liberalen im Reichstage. Dem gegenüber hätte es als Feigheit gedeutet werden können, wenn der Kanzler seinen Entschluss, zurückzutreten, jetzt ausgeführt hätte. Pflichtgefühl und Ehre geboten ihm vielmehr, wenigstens bis zum Anfange des Sommers, wo die ins Auge gefasste neue Militärvorlage im Reichstage durchgesetzt sein konnte, mit seinem Ansehen und seiner Kraft an der Seite des Kaisers auszuharren. Der Staatsrath wurde, nachdem er das Programm für die internationale Konferenz zur Regelung der Arbeit in industriellen Anlagen und Bergwerken festgestellt hatte, am 28. Februar geschlossen, und der Kanzler erliess noch die Einladung zur Versammlung, die alsdann ihre Sitzungen auch unter seinem Dache, aber schon nicht mehr unter seiner Leitung, sondern unter dem Vorsitze des neuen Handelsministers v. Berlepsch am 15. März eröffnete.

An demselben Tage fand eine Unterredung zwischen Bismarck und Windthorst statt, die von letzterem erbeten, vom Bankier Bleichröder vermittelt und vom Reichskanzler, wie bisher jedem Abgeordneten, bereitwillig gewährt worden war. Bismarck wünschte während derselben zu erfahren, welche Stellung die Fraktion des Centrumführers im neuen Reichstage einnehmen werde, und erfuhr, dass man Rückkehr zu dem kirchlichen Zustande vor 1871 zu erlangen gedenke. Von einem Versuche zu einem Zusammenwirken der klerikalen Partei mit dem Kanzler war nicht die Rede. Dagegen wurde im weitern Verlaufe des Gesprächs die Möglichkeit eines Kabinetswechsels berührt, und der ultramontane Politiker bat dringend den Fürsten, im Amte zu verbleiben, und empfahl für den Fall, dass er dennoch gehen müsste, in Anbetracht der schwierigen Lage die Wahl eines Militärs zum Nachfolger, wobei er den General v. Caprivi als besonders geeignet bezeichnete.

Der Besuch des Führers der Klerikalen und der Umstand, dass Bleichröder ihn vermittelt hatte, veranlassten den Kaiser, dem Fürsten sein Befremden darüber auszusprechen und ihm die Fortsetzung derartigen Verkehrs mit Abgeordneten ohne sein Vorwissen und seine Erlaubniss zu untersagen. Diess erschien diesem als „Allerhöchste Controlle seines persönlichen Verkehrs ausser Dienst, der er sich nicht unterwerfen könne", und damit war eine weitere Steigerung der Krisis eingetreten, zu der sich in dieser Zeit auf dem Gebiete der auswärtigen Politik ein Vorfall gesellte, welcher dem Kanzler den Beweis lieferte, dass er die Ansichten und Absichten Sr. Majestät über die Stellung, die im Osten einzunehmen sei, nicht mehr vertreten könne, und ein kaiserliches Billet an den Fürsten, das Weisungen enthielt, die er nicht ausführen konnte, und welches Vorwürfe aussprach, die ihm „ein unverdientes kränkendes Misstrauen" bekundeten. Selbstachtung forderte nach solchen Kundgebungen fast unabweisbar zur Einreichung seines Abschiedsgesuches auf, aber nach reiflicher Prüfung des Für und Wider überwand er noch einmal seinen Entschluss zum Rücktritt und brachte sein persönliches Gefühl seiner Pflicht gegen das Vaterland zum Opfer. Es sollte das letzte sein. Fortan kam sein Wille nicht mehr in Frage. Es war Zwang, aber zugleich Befreiung, als man ihm am Morgen des 17. die amtliche Aufforderung überbrachte, um seinen Abschied einzukommen. Am Nachmittage versammelte er den Ministerrath, um dessen Meinung über die Vorgänge der letzten Tage zu hören. Einer der Herren Kollegen meldete das stracks dem Kaiser, und so erfolgte noch am Abend, abermals amtlich, die Mahnung des Monarchen, um die Erlaubniss zum Rücktritt zu bitten. Dies geschah am 18. März 1890, und der Rest ist Schweigen. Nur der Wortlaut des Dokuments, mit dem der Kanzler bei seinem Herrn und Gebieter seine Entlassung beantragte, sei noch mit einigen kleinen Auslassungen*) mitgetheilt, da volle Verschwiegenheit jetzt keine Pflicht mehr ist, wohl aber die Geschichte ihr Recht beansprucht. Das Abschiedsgesuch lautet nach einer im März 1891 zu Friedrichsruh genommenen Kopie der Urschrift, die mir vom Kanzler selbst übergeben wurde:

B(erlin) 18. 3. 90. Bei meinem ehrfurchtsvollen Vortrage vom 15. d. M. haben Euere Majestät mir befohlen, den Ordre - Entwurf vorzulegen, durch welchen die Allerhöchste Ordre vom 8. September 1852, welche die Stellung eines Ministerpräsidenten seinen Kollegen gegenüber seither regelt, ausser Geltung gesetzt werden soll. Ich gestatte mir über die Genesis und Bedeutung dieser Ordre nachstehende allerunterthänigste Darlegung.**) Für die Stellung eines „Präsidenten des Staatsministeriums" war zur Zeit des absoluten Königthums kein Bedürfniss vorhanden, und es wurde zuerst auf dem Vereinigten Landtage von 1847 durch die damaligen liberalen Abgeordneten (Mevissen) auf das Bedürfniss hingewiesen, verfassungsmässige Zustände durch Ernennung eines „Premierministers" anzubahnen, dessen Aufgabe es sein würde, die Einheitlichkeit der Politik des verantwortlichen Gesammt-Ministeriums zu übernehmen und herbeizuführen und die Verantwortung für die Gesammt-

---

*) Namen, die der Leser sich jetzt aus den „Enthüllungen" von 1896 ergänzen kann.

**) Diese war u. A. aus dem Grunde geboten, weil Se. Majestät der Ansicht war, die Ordre hindere die Minister, ihm Immediatvorträge zu halten, während sich doch aus ihr nur folgern liess, dass der Ministerpräsident bei solchen Vorträgen zugegen sein müsse, und es dem Monarchen jederzeit freistand, sich gegen diesen und für den betreffenden Ressortminister zu entscheiden.

ergebnisse der Politik des Kabinets zu übernehmen. Mit dem Jahre 1848 trat diese konstitutionelle Gepflogenheit bei uns ins Leben, und wurden „Präsidenten des Staatsministeriums" ernannt, wie Graf Arnim, Camphausen, Graf Brandenburg, Freiherr von Manteuffel, Fürst von Hohenzollern, nicht für ein Ressort, sondern für die Gesammtpolitik des Kabinets, also der Gesammtheit der Ressorts. Die meisten dieser Herren hatten kein eigenes Ressort, sondern nur das Präsidium, so zuletzt vor meinem Eintritt der Fürst von Hohenzollern, der Minister von Auerswald, der Prinz von Hohenlohe. Aber es lag ihnen ob, in dem Staatsministerium und dessen Beziehungen zum Monarchen diejenige Einigkeit und Stetigkeit zu erhalten, ohne welche eine ministerielle Verantwortlichkeit, wie sie das Wesen des Verfassungslebens bildet, nicht durchführbar ist. Das Verhältniss des Staatsministeriums und seiner einzelnen Mitglieder zu der neuen Institution des Ministerpräsidenten bedurfte sehr bald einer nähern der Verfassung entsprechenden Regelung, wie sie im Einverständnisse mit dem damaligen Staatsministerium durch die Ordre vom 8. September 1852 erfolgt ist. Diese Ordre ist seitdem entscheidend für die Stellung des Ministerpräsidenten zum Staatsministerium geblieben, und sie allein gab dem Ministerpräsidenten die Autorität, welche es ihm ermöglicht, dasjenige Mass von Verantwortlichkeit für die Gesammtpolitik des Kabinets zu übernehmen, welches ihm im Landtage und in der öffentlichen Meinung zugemuthet wird. Wenn jeder einzelne Minister Allerhöchste Anordnungen extrahiren kann ohne vorherige Verständigung mit seinen Kollegen, so ist eine einheitliche Politik, für welche Jemand verantwortlich sein kann, nicht möglich.

Keinem Minister und namentlich dem Ministerpräsidenten bleibt die Möglichkeit, für die Gesammtpolitik des Kabinets die verfassungsmässige Verantwortlichkeit zu tragen. In der absoluten Monarchie war eine Bestimmung, wie sie die Ordre von 1852 enthält, entbehrlich und würde es noch heute sein, wenn wir zum Absolutismus ohne ministerielle Verantwortlichkeit zurückkehrten. Nach den zu Recht bestehenden verfassungsmässigen Einrichtungen aber ist eine präsidiale Leitung des Minister-Collegiums auf der Basis der Ordre von 1852 unentbehrlich. Hierüber sind, wie in der gestrigen Staatsministerialsitzung festgestellt wurde, meine sämmtlichen Kollegen mit mir einverstanden, und auch darüber, dass jeder meiner Nachfolger im Ministerpräsidium die Verantwortlichkeit nicht würde tragen können, wenn ihm die Autorität, welche die Ordre von 1852 verleiht, mangelte. Bei jedem meiner Nachfolger wird dieses Bedürfniss noch stärker hervortreten wie bei mir, weil ihm nicht sofort die Autorität zur Seite stehen wird, die mir ein langjähriges Präsidium und das Vertrauen der beiden hochseligen Kaiser bisher verliehen hat. Ich habe bisher niemals das Bedürfniss gehabt, mich meinen Kollegen gegenüber auf die Ordre von 1852 ausdrücklich zu beziehen. Die Existenz derselben und die Gewissheit, dass ich das Vertrauen der beiden hochseligen Kaiser Wilhelm und Friedrich besass, genügten, um meine Autorität im Kollegium sicher zu stellen. Diese Gewissheit ist heute aber weder für meine Kollegen noch für mich selbst vorhanden. Ich habe daher auf die Ordre von 1852 zurückgreifen müssen, um die nöthige Einheit im Dienste Euerer Majestät sicherzustellen.

Aus vorstehenden Gründen bin ich ausser Stande, Euerer Majestät Befehl auszuführen, laut dessen ich die Aufhebung der vor Kurzem von mir in Erinnerung gebrachten Ordre von 1852 selbst herbeiführen und kontrasigniren, trotzdem aber das Präsidium des Staatsministeriums weiterführen soll. Nach den Mittheilungen, welche mir der Generallieutenant von Hahnke und der Geheime Kabinetsrath Lucanus gestern gemacht haben, kann ich nicht im Zweifel sein, dass Euere Majestät wissen und glauben, dass es für mich nicht möglich ist, die Ordre aufzuheben und doch Minister zu bleiben. Dennoch haben Euere Majestät den mir am 15. ertheilten Befehl aufrecht erhalten und in Aussicht gestellt, mein dadurch nothwendig werdendes Abschiedsgesuch zu genehmigen. Nach frühern Besprechungen, die ich mit Euerer Majestät über die Frage hatte, ob Allerhöchstdemselben mein Verbleiben im Dienste unerwünscht sein würde, durfte ich annehmen, dass es Allerhöchstdemselben genehm sein würde, wenn ich auf meine Stellungen in Allerhöchstdero Preussischen Diensten verzichtete, im Reichsdienst aber bliebe. Ich habe mir bei näherer Prüfung dieser Frage erlaubt, auf einige bedenkliche Konsequenzen dieser Theilung meiner Aemter, namentlich des künftigen Auftretens des Kanzlers im Reichstage, in Ehrfurcht aufmerksam zu machen, und enthalte mich, alle Folgen, welche eine solche Scheidung zwischen Preussen und dem Reichskanzler haben würde, hier zu wiederholen. Euere Majestät geruhten darauf zu genehmigen, dass einstweilen Alles beim Alten bliebe.

Wie ich aber die Ehre hatte, aus einander zu setzen, ist es für mich nicht möglich, die Stellung

eines Ministerpräsidenten beizubehalten, nachdem Euere
Majestät für dieselbe die capitis diminutio wiederholt
befohlen haben, welche in der Aufhebung der Ordre
von 1852 liegt.

Euere Majestät geruhten ausserdem bei meinem
ehrfurchtsvollen Vortrage vom 15. d. M. mir bezüglich
der Ausdehnung meiner dienstlichen Berechtigungen
Grenzen zu ziehen, welche mir nicht das Mass der
Betheiligung an den Staatsgeschäften, der Uebersicht
über letztere und der freien Bewegung in meinen
ministeriellen Entschliessungen und in meinem Verkehr
mit dem Reichstage und seinen Mitgliedern lassen,
deren (dessen) ich zur Uebernahme der verfassungsmässigen Verantwortlichkeit für meine amtliche Thätigkeit bedarf.

Aber auch wenn es thunlich wäre, unsere auswärtige Politik unabhängig von der innern und unsere
Reichspolitik so unabhängig von der Preussischen zu
betreiben, wie es der Fall sein würde, wenn der Reichskanzler der Preussischen Politik ebenso unbetheiligt
gegenüber stünde wie der Baierischen oder Sächsischen
und an der Herstellung des Preussischen Votums im
Bundesrathe dem Reichstage gegenüber keinen Theil
hätte, so würde ich doch nach den jüngsten Ent-
scheidungen Euerer Majestät über die Richtung unserer
auswärtigen Politik, wie sie in dem Allerhöchsten Handschreiben zusammengefasst sind, mit dem Euere Majestät die Berichte des Konsuls in   gestern begleiteten, *) in der Unmöglichkeit sein, die Ausführung

---

*) Dasselbe eignet sich jetzt noch nicht zur Veröffentlichung, und
nach einer Andeutung des Fürsten aus dem Frühjahr 1893 wäre wohl
noch heute in Betreff der Veranlassung die in den Gedankenstrichen

der darin vorgeschriebenen Anordnungen bezüglich der auswärtigen Politik zu übernehmen. Ich würde damit alle für das deutsche Reich wichtigen Erfolge in Frage stellen, welche unsere auswärtige Politik seit Jahrzehnten im Sinne der beiden hochseligen Vorgänger Euerer Majestät in unsern Beziehungen zu — — unter ungünstigen Verhältnissen erlangt hat, und deren über Erwarten grosse Bedeutung mir — — nach seiner Rückkehr aus bestätigt hat. Es ist mir bei meiner Anhänglichkeit an den Dienst des königlichen Hauses und an Euere Majestät und bei der langjährigen Einlebung in Verhältnisse, welche ich bisher für dauernd gehalten hatte, sehr schmerzlich, aus den gewohnten Beziehungen zu Allerhöchstdemselben und zu der Gesammtpolitik des Reichs und Preussens auszuscheiden, aber nach gewissenhafter Erwägung der Allerhöchsten Intentionen, zu deren Ausführung ich bereit sein müsste, wenn ich im Dienst bliebe, kann ich nicht anders als Euere Majestät allerunterthänigst bitten, mich aus dem Amte des Reichskanzlers, des Ministerpräsidenten und des Preussischen Ministers der auswärtigen Angelegenheiten in Gnaden und mit der gesetzlichen Pension entlassen zu wollen. Nach meinen Eindrücken in den letzten Wochen und nach den Eröffnungen, die ich gestern den Mittheilungen aus Euerer Majestät Civil- und Militärkabinet entnommen habe, darf ich in Ehrfurcht annehmen, dass ich mit diesem meinem Entlassungsgesuch den Wünschen Euerer Majestät entgegen kommen und also auf eine huldreiche Bewilligung mit Sicherheit rechnen darf.

ausgedrückte Vorsicht gerathen, obwohl inzwischen die Hamburger „Enthüllungen" erfolgt sind.

Ich würde die Bitte um Entlassung aus meinen Aemtern schon vor Jahr und Tag Euerer Majestät unterbreitet haben, wenn ich nicht den Eindruck gehabt hätte, dass es Euerer Majestät erwünscht wäre, die Erfahrungen und die Fähigkeiten eines treuen Dieners Ihrer Vorfahren zu benutzen. Nachdem ich sicher bin, dass Euere Majestät derselben nicht bedürfen, darf ich aus dem politischen Leben zurücktreten, ohne zu befürchten, dass mein Entschluss von der öffentlichen Meinung als unzeitig verurtheilt wird.

(gez.) von Bismarck.

VIII.

Wir stehen vor dem Schlusse. Ich habe gesagt, was ich wusste und musste, schwerlich mehr, als ich durfte, vielleicht etwas weniger, als ich konnte. Aber sit ut est. Nur über die Jahre der Zurückgezogenheit im Sachsenwalde und gelegentlich in Varzin noch ein paar Worte, zum Theil nach eigener Erfahrung an Ort und Stelle, sonst nach sicherm Berichte Anderer. Der Fürst hat in dieser Zeit seiner Pflicht, für das Beste seiner Schöpfung, des deutschen Reiches, zu sorgen und vor Gefährdung desselben durch Missgriffe und Einschlagen von Irrwegen zu warnen, mit Hülfe der Presse und Ansprachen an Freunde und Verehrer, den einzigen ihm jetzt zu Gebote stehenden Mitteln, aufmerksam und unerschrocken entsprochen. Daneben begann er eine Arbeit, die das Gerücht seine Memoiren nannte, in der aber Erinnerungen an einige seiner Erlebnisse sich mit Betrachtungen von Fragen und Vorgängen der unmittelbaren Gegenwart mischten. Zu einer Selbstbiographie fehlten die Akten, die volle Stärke des Gedächtnisses und schliesslich wohl auch die unbefangene Objektivität, welche sich die Vergangenheit nicht durch die Gegenwart färben lässt. Bismarck machte die Geschichte seiner

Zeit, vermochte sie aber nicht zu schreiben, und Lothar Bucher, der ihm mit seinem reichen Wissen und seinem sichern Urtheil zur Seite stand, und der dem Mangel bis zu einem gewissen Grade abhelfen konnte, starb ihm vor Vollendung des Werkes. In der übrigen Umgebung des Fürsten war — man darf wohl sagen, selbstverständlich — kein irgend genügender Ersatz, und so blieb die Arbeit ein Torso, wenn auch ein vielfach interessanter und werthvoller.

Dass das deutsche Volk, das wahre und eigentliche, nicht das „Volk" der Zeitungsjuden, Kapläne und parlamentarischen Geschäftsleute, seinen Heros nicht vergessen hatte, wie schnöderweise seine „Vertreter" im Reichstage, die doch sonst so viele Worte für ihren jämmerlichen Parteitrödelkram haben, dass es jetzt in weiten Kreisen sich klar geworden, wem vor Allen es seine Rettung aus politischem Verfall und vor schliesslichem Zerfall und Knechtung unter Fremden zu danken hatte, bewies der grosse Triumphzug des Sommers 1892 mit den flammenden Huldigungen von Dresden, München und Jena,*) und diese Flammen brannten, bald

---

*) Auch das Berliner Schauspiel vom 26. Januar 1894 darf hier wohl erwähnt werden, desgleichen dessen zweiter Akt, der am 19. Februar zu Friedrichsruh sich abspielte. Aber was ist mit alledem erreicht worden? — „Gratuliren sie lieber in Berlin", erwiederte ablehnend der Fürst einem Bekannten, als er ihm „zur Versöhnung mit Sr. Majestät" glückwünschen zu dürfen gemeint hatte. Und zu demselben sagte Bismarck im August 1896 bei einem Besuche Graf Waldersees: „Der soll ihnen berichten, wie es mit meinem Befinden steht, und da könnte man ja aussehen, als ob es nicht lange mehr dauern würde, damit die in Berlin eine Freude hätten." Es ging ihm aber damals (bis auf die alte Schlaflosigkeit) gerade ganz besonders gut. — Mehr bedeuten uns die volksthümlichen Geburtstagsfeiern von 1895, die den ersten Apriltag zu Monaten ausdehnten, obwohl hier nicht ausser Acht zu lassen ist, dass Bismarck jetzt die Hofsonne wieder huldvoll anlächelte, der ihn „ehrende" Onkel Strebemeier folglich kein Arg zu besorgen hatte.

hell und weithin sichtbar, bald unscheinbarer, aber nicht weniger warm, in tausend und abertausend treudankbaren Herzen fort, brennen noch heute und werden weiter brennen, so lange es eine deutsche Geschichte geben wird. Während alte und neue Widersacher des Heros, vornehme und geringe, die Impotenz in der Drapirung der Omnipotenz, das politische Streberthum, das seinen Abschied als Wohlthat empfand, da der Untergang der Sonne seinem eigenen Pfenniglämpchen den Glanz eines grösseren Lichtes zu verheissen schien, die Thersitesbosheit, die wir schweigend verachten können, die Dummheit endlich, der Gott verzeiht, weil sie nicht weiss, was sie thut — während aller dieser Chor niederer Seelen auf ihn und sein Werk fortschmähte, wurde Friedrichsruh eine nationale Wallfahrtsstätte.

Das klingt wie eine Phrase für Leitartikel und Zweckessen und ist, ohne Einschränkung gelassen, in der That nicht viel mehr als eine Phrase. Unstreitig war unter den Pilgerzügen, welche die Eisenbahnen nach dieser Wallfahrtsstätte führten, wenig Verständniss der eigentlichen Natur und der einzelnen Ziele des Kanzlers, viel Eitelkeit und Neugier, viel Reklame und zuletzt viel Trieb, mit der Mode zu gehen; unzweifelhaft befanden sich namentlich unter den Veranstaltern, Leitern und Wortführern nahe Verwandte und Erben der Biedermänner, denen Goethe einst zurief: „Ja, wer eure Verehrung nicht kennte! Euch, nicht ihm baut ihr Monumente", politische Geschäftsleute, Gründer und Spekulanten, die in Patriotismus machten. Aber sei es auch. Dergleichen ist bei solchen Gelegenheiten immer vorgekommen und wird immer vorkommen. Die Thatsache der Ausbreitung und Hebung des Sinnes für die Aufgaben, Rechte und Güter der Nation durch den

Genius Bismarcks, die sich in den Massenfahrten nach dem Sachsenwalde ausprägte, wird durch den Umstand, dass es „gemischte" Gesellschaft war, die dort erschien, im Grossen und Ganzen nicht verändert, geschweige denn aus der Welt geschafft, und Verständige werden damit vorliebnehmen.